日本労働社会学会年報

2009
第19号

若年者雇用
マッチング・メカニズムの再検討

日本労働社会学会

The Japanese Association of Labor Sociology

目次

2009 ── 日本労働社会学会年報 19

特集　若年者雇用マッチング・メカニズムの再検討 ── 1

1. 高校生の就業観と進路指導 ………………………… 浅川　和幸 … 3
   ──就職を事例に──

2. 大学生のソーシャル・ネットワークに
   おける大学の機能 ……………………………… 堀　有喜衣 … 31
   ──大学就職支援におけるパターナリズム paternalism 進行のジレンマ──

3. ハローワークにおける学卒者への雇用政策の
   展開と現場で感じる問題点 ………………… 後藤　龍一 … 51

投稿論文 ── 61

1. 公的部門における感情労働 ………………………… 小村　由香 … 63
   ──生活保護ケースワーカーを事例に──

2. ノンエリート階層のキャリア意識に関する一考察 …… 中嶌　剛 … 83
   ──初級公務員試験の失敗経験がもたらす影響──

3. 〈利用者の死に対処する〉ということ ……………… 三橋　弘次 … 107
   ──命をめぐる介護職経験の社会学的考察──

日本労働社会学会会則（127）　**編集委員会規定**（130）　**編集規定**（131）
年報投稿規定（131）　**幹事名簿**（132）

ANNUAL REVIEW OF LABOR SOCIOLOGY
August 2009, No.19

Contents

Special Issue   Considering the Matching Mechanism of Youth Employment

1. High School Students' Occupational Conciousness and the Vocational
   Guidance: The Case of Entering Employment   Kazuyuki Asakawa
2. The Function of the University on Students' Social Network:
   The Dilemma of Support and the Paternalistic Care in the
   Vocational Guidance   Yukie Hori
3. Problems of the Employment Policy for the Graduates done
   by the Employment Security Bureau: From the Standpoint of
   the Actual Vocational Guidance   Ryuichi Goto

Articles

1. Emotional Labor in the Public Sector: A Case Study of Livelihood
   Protection Case Workers   Yuka Omura
2. A Study on Career Consciousness of Young Non-elite: Focusing
   on the Effect of Failure on the Elementary Public Servant
   Examination   Tsuyoshi Nakashima
3. The Issues of Death at Special Nursing Homes for the Elderly:
   An Empirical Examination of Care Laborers' Experiencing
   Unexpected Sudden Death of Elders   Koji Mitsuhashi

The Japanese Association of Labor Sociology

特集　若年者雇用マッチング・メカニズムの再検討

1　高校生の就業観と進路指導　　　　　　　　　　　　　浅川　和幸
　　　——就職を事例に——

2　大学生のソーシャル・ネットワークに
　　おける大学の機能　　　　　　　　　　　　　　　　　堀　有喜衣
　　　——大学就職支援におけるパターナリズム paternalism 進行のジレンマ——

3　ハローワークにおける学卒者への雇用政策の
　　展開と現場で感じる問題点　　　　　　　　　　　　　後藤　龍一

高校生の就業観と進路指導
―― 就職を事例に ――

浅川　和幸
(北海道大学)

はじめに

　本稿では、現在広範にみられる高校の就職を中心とした進路指導と高校生の進路意識がかみ合わない理由を、進路指導と生徒の就業観も含んだ進路意識の在り方の関係にフォーカスして明らかにする。対象とした地域は、学校・職安紹介就職が大きく変容しつつある北海道である。

　概略は、以下のようになる。

　①まず高卒就職の状況を、北海道の地域特性を指摘しつつ明らかにする。次に高校の進路指導において現れている、進路担当教員（以下、教員）が問題だと感じる生徒の特徴や対応の仕方について事例を交え明らかにし、その中から大きく二つの困難点を浮き彫りにする。

　例えば酒井朗は［酒井 2007］において、「学校現場では、一方で『生徒の自主性』を尊重せよという要請を受けながら、このような（生徒の将来を見越して教育的観点から、より「望ましい」と考えられる進路を生徒に示し、それに向けて意欲を喚起し努力させる、筆者）教育課題を抱えて四苦八苦している」（同前、4〜5頁）と記述している。このような指導と「自主性」（あるいは「自己選択」）の矛盾に加えて、それが教員の否定的評価（「幼い」、あるいは「未熟」）に結びつくメカニズムを進路指導調査の事例分析から明らかにする。

　②次に、高校3年生（以下、生徒）を対象とした調査の結果を用い、生徒の就業観と進路意識を明らかにする。方法や詳細な分析については、［浅川 2008］で行なっているので、その成果を活かす。具体的には、かみ合わなさの原因と考えられる生徒全体に浸透している意識の諸特徴を、「自己意識」と「就

業意識」の関係を分析するという方法によって明らかにする。これは、進路指導と個別の生徒の意識との「ミスマッチ」においてみえているものを越えている。特に、生徒意識における「時間的展望」の、進路指導が想定するものとは異なることを明らかにする。

そして「時間的展望」の生徒に特徴的な在り方を、「就業意識」の因子分析から見出した「即自時因子」を事例に具体的に示す。社会・生活意識や将来意識との関係に留まらず、重要視する労働条件、そしてキャリア教育でやってほしいものについてふれる。

③最後にこれらの結果を受けて、これからの進路指導を構想する上での着眼点を仮説的に提案する。

次節では、対象とした就職指導の背景として北海道の高卒就職の状況を明らかにする。

1．北海道の高卒就職の状況

(1) 北海道全体の概況

高校の学校・職安紹介就職の位置の低下は、全国で共通している。就職者数で、47都道府県中第2位の位置を占める北海道も例外ではない［厚生労働省職業安定局 2004］。

北海道の新規学卒労働市場の厳しさを、資料で確認してみよう。

2004年において求人倍率が1.24倍で全国平均の1.30倍を下回っていたし、景気が回復したと言われた2007年においても1.11倍と逆に低下し、全国平均の1.79倍をはるかに下回っている［同前 2007］。

また、地域差が激しいことも見逃せない。特に、地域産業の衰退と高等教育の札幌一極集中が原因となっている。但しここ1～2年は、札幌地区でさえ地盤沈下しつつあると、ある進路指導担当の教員は語っていた。

そして、強く指摘しなければならないのは、北海道は「地元志向」が強いことである。これは、北海道と他の都府県というだけでなく、それぞれの支庁や市町村という意味も含む。前者についてみる。先の『新規学卒者の労働市場』の地域区分で確認すると、他地域流出は北陸に次ぎ低い。20.3％である。他地域流出が多い

地域を北海道内の地域別でみると、函館地域に集中し、それ以外の率は下がる。

労働条件についても少しふれる。初任給は平成9年から頭打ち状態にあり、賃金水準は2004年度の『賃金構造基本調査』において、全国平均の84％にすぎない。額で14万1千円である。

先ほどふれたようなこの高卒新規学卒労働市場の苦境を、北海道教育委員会は就職協定の弾力化によって軽減しようとしている。具体的には、2005年3月就職から、「一人一社制」を限定的に変更し、11月1日からの複数応募と指定校応募の抑制を行なっている。

企業の生徒への期待は、北海道労働市場の職種的な特徴もあってか、「勤勉」よりも「コミュニケーション能力」に移っているのではないかと考える進路担当教師は少なくない。

(2) 北海道高卒労働市場の地域的特徴

筆者が2005年と2006年に進路指導調査と生徒調査を行なったのは、釧路市を中心とした地域(以下、釧路地区と表記)、札幌市である(以下、札幌地区と表記)。

先ほど指摘した北海道の地域差をこの二つの地区で確認しておく。図1は、北

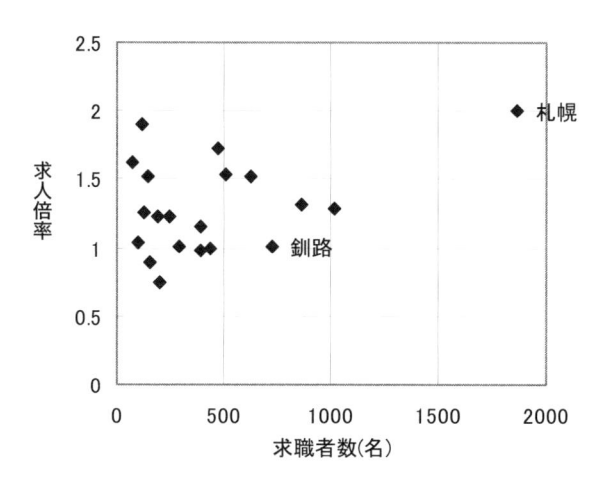

図1　北海道各ハローワークの新規高卒就職における求職者と求人倍率
　　（2005年3月末現在）

特集　若年者雇用マッチング・メカニズムの再検討

海道の各ハローワークの新規高卒就職における求職者数と求人倍率をクロスさせたものである。

　各ハローワークで市場規模が大きく違っていることがわかる。求人倍率は、1倍を下回るハローワークも散見される。そして札幌地区は、市場規模で圧倒的に大きく、求人倍率の点でも、トップとなっている。釧路地区は、市場規模としては中規模で求人倍率は約1倍と低い方である。3月末時点で求人倍率が1倍であるということは、端的に言って求職者数が求人数に向かって調整されてゆく（減る）ことを意味する。そして釧路地区はこの状況にある。

(3) 学校・職安紹介就職の位置の低下

　学校・職安紹介就職の位置が低下していることについてふれる。表1がそれをみたものである。これからの記述は札幌地区を例にとる。

　問題とすることは二つある。

　第一に、学校紹介によらない就職希望者数に注目する必要がある。同年度の「求職動向調査」における求職希望者数を100％とした場合の数字で、27％となっている。同年度の就職者数をベースにすると、高校進路指導でよく言われる「自前」（「自己調達」とも言う）の就職は、大きな数字となっている。

　第二に、5月時点で求職を希望していたものと、翌年の3月に実際就職したものとの差に注目する必要がある。上記と同様に計算すると、42％である。これはかなり大きい数字と考えてよい。学校紹介就職から下りたものは、「自前」の就職をとるか、進学に転換する。そしてそれも叶わないとき、無業者となる。

　ここで注意しておきたいのは、この就職者には非正規雇用も含まれているということだ。学校によってその比率は異なっているが、ある商業系専門高校におい

表1　就職希望者数の減少（札幌地区）

	2003年5月時点での求職希望者数（「求職動向調査」）	左のうち学校または職業安定所の紹介によらない就職希望者	2004年3月の就職者数
学生数	3,197	875	1,344
構成比（％）	100.0％	27.4％	42.0％

資料出所）2004年3月末の『新規学校卒業者の職業紹介状況』（札幌圏ハローワーク）。

ても、2割を越えているということであった。

(4) 対象地区の特徴1——求人と就職から

求人と就職の状況を**表2**からみる。

まず、全体的なことを先に述べる。札幌地区の卒業生は、23,578名で、このうち学校・職安紹介就職をした者は1,344名で卒業生の5.7%である。前項と重なるが、就職希望者は5月の時点で3,197名いたが、翌年3月末までに1,798名にまで減り、そのうち1,344名が就職できた。この1,344名を1,798名で割ったものが就職率で、74.7%となった。

求人の内訳につい確認しておく。求人数は4,070名で、管内（ここでは札幌の3ハローワークの管内の意味）の求人が3,454名（84.9%）とほとんどを占める点に特徴がある。道内は、159名で、室蘭地区、帯広地区、小樽地区の求人数が多い。道外は、457名と道内より多く、東京、愛知、神奈川の求人数が多い。

同じように就職の内訳についてみる。就職者1,344名で、管内就職が89.6%と求人と同様にほとんどを占める。道内就職は4.0%、道外就職は6.4%である。

札幌地区は総じて、就職者が少なく、求人と就職とも管内就職（その中で札幌地区の就職がほとんどを占める）が多く、北海道の進路指導でよく言われる強い「地元志向」が、学生の志向性というだけでなく、就職環境でもあることがわかる。

表2 地域別の求人数・就職者数（札幌地区）

		2004年3月卒	人数の多い地域		
卒業者		23,578			
就職希望者		1,798			
求人数		4,070			
	管内	3,454			
	道内	159	室蘭31	帯広27	小樽25
	道外	457	東京301	愛知52	神奈川24
就職者数		1,344			
	管内	1,204			
	道内	54	室蘭20	小樽9	岩見沢等5
	道外	86	東京32	愛知21	千葉8
就職率		74.7%			

注）2004年3月末。資料は同前。

(5) 対象地区の特徴2──求人の職種から

表3 地域別・職業別の求人状況（札幌地区）

	専門・技術、管理	事務	販売	サービス	技能工等	上記以外の職業	計
管内	164	872	534	733	861	287	3,454
	4.7%	25.2%	15.5%	21.2%	24.9%	8.3%	100.0%
道内	7	27	43	52	25	5	159
	4.4%	17.0%	27.0%	32.7%	15.7%	3.1%	100.0%
道外	48	19	82	77	219	12	457
	10.5%	4.2%	17.9%	16.8%	47.9%	2.6%	100.0%
計	219	918	662	862	1105	304	4,070
	5.4%	22.6%	16.3%	21.2%	27.1%	7.5%	100.0%

注）2004年3月末データ。資料は同前。

　雇用の質を理解するために入手できるデータとして地域別・職業別の求人状況をみる（**表3**）。地域の区別は、先ほどと同じ管内、道内、道外という区別である。職業の区別は、「専門・技術、管理」、「事務」、「販売」、「サービス」、「技能工等」、「上記以外の職業」である。

　全体的には、「技能工等」が最も多く、これに「事務」と「サービス」が続く。地域別にみてみよう。管内では、「事務」が最も多く、これにほとんど並ぶのが「技能工等」である。そして「サービス」がそれに続く。道内では、「サービス」が最も多く、「販売」、少し開いて「事務」となる。道外では一転して、「技能工等」が約半数と最も多く、「販売」と「サービス」がかなり離れて続く。

　すなわち、大雑把にみると、管内が高校生の希望する求人（事務）が多く、道外はそうでないと言えるかもしれない。すなわち、この点からも「地元志向」が裏付けられる。

2. 学校調査からわかった進路と進路指導の特徴

　ここでは進路の中で就職を中心に、進路状況と進路指導の特徴について、学校調査からわかったことを記述する。インタビューの対象は、教員と教頭である。これ以降では、まとめて「教員」とする。

　まず、進学について最小限のことを説明しておきたい。

私立大学と看護系を除いた専門学校においては、通常の学校推薦入学だけでなく、「自己推薦」という形態が浸透してきたこともあって、家庭に金銭的余裕があれば進学は容易になっている。但し、北海道は広く地域格差が大きい。進学において、高等教育機関、特に専門学校が著しく札幌地区に集中しており、他の地区では、事実的に進学が制限される。札幌地区で下宿生活等を行なうことも可能であるが金銭的な負担が大きい。そのため高等教育進学率の地域的な差が非常に大きい。

　このような事情から、地方では高等教育のインフラに恵まれないため、進学率が低くなっている。

　すなわち、進学は全体的に容易化しているが、北海道には地域的な事情があり、進学率はそれほど伸びていない。またこれに、家庭の経済状況の問題が重なってくる。

　教員からの聞き取りでは、「家にお金がないから、進学は諦めてくれ」と言われた生徒の話を多くの学校で聞いた。特に進路多様校において顕著であるが、その場合の理由として、教師は片親であることをあげる場合があった。

　ところで、「地元志向」は二つの意味で用いられている。狭くとらえる時は、ほぼ支庁のことを指す。さらに狭い場合は、学校の所在する市・町・村である。一方、広くとらえる時は、北海道のことを指す。

　そして進学において「地元志向」は、この後者である場合も多い。その定義に倣うなら、「地元志向」でないとは、本州・九州・四国（総称して、北海道では「内地」と呼ぶ）に進学することである。ほぼ進路が進学となる高校で、さらに「難関校」の受験が中心となる場合は、偏差値による受験指導（いわゆる「出口指導」）で、「内地」のそれとそれほど変わらない。このような高校では「地元志向」について憂慮する教員もいる。「志がない」という評価を生徒にする。

　大きく変化したのは、入試の多様化や推薦入試の一般化による進学が増えた上位校の下位から中堅校、そして進路多様校と専門高校である。

　以上のような状況での進学の理由を、「周りが行くから」同調しているだけだと考えている教員も多い。このような「あやふやな進学意識」は、進路指導において「問題がある」と考えられ、より「生き方を考えさせる」指導や「将来を考え

させる」指導への転換が、そしてキャリア教育に期待が集まっていた。

このような状況から、進路指導の問題は就職する生徒にだけ現れているのではなく、進路指導全般の問題だと考えられている。

(1) 就職決定のプロセスの変化について

学校・職安紹介就職が近年、規制の部分で緩和しつつあることはよく知られたことであるが、北海道も例外ではない。

第一に、「一人一社」制の緩和である。北海道においては、2005年から部分的に緩和させている。具体的には、9月16日の解禁時は、「一人一社」の原則は守られるが11月からは、二社に対する応募を認めるというものである。しかし、この緩和が意味のあるものかどうかは、疑問の声もあがっていた。

第二に、高校生の学校就職では正規雇用を紹介するということが原則であったが、非正規雇用、特に契約社員の雇用が増えている。北海道においても同様である。求人の質の劣化ということであるが、たとえ正規雇用であっても労働者の移動の非常に激しい会社・職場からの求人も増えている。よく聞いたのは、パチンコ店からの求人である。パチンコ店はチェーン店である場合がほとんどであるが、あるチェーン店から一つの学校に5人の求人が毎年のようにあるという話も聞いた。全体的にパチンコ店の求人は多くなっていた。

学校・職安紹介就職における就職決定時期にも問題が生じている。

学校・職安紹介就職においては、7月から解禁までに求人がかなり集まり、解禁日以降に集中して面接等が行なわれ、10月ぐらいまでにかなりの部分が決定していることが前提になっている。しかし、調査で判明したのは、求人の圧倒的な不足により、9月において集中的に内定が出ないということである。それではどうなっているのか。

求人は、ある教員の言い方を借りると「ダラダラ」と少しずつ続く。翌年の3月末まで、である。そのため、就職を希望する者の就職活動も長期化し、就職活動から撤退する場合も少なくない。なぜ求人は「ダラダラ」と出されるのか。

ある教員は、基本的な求人の在り方が欠員補充になっているのではないかと考えていた。特に重視していたのが翌年の1月に求人が少し増えるという事実であ

る。その教員による解釈は、12月に冬のボーナスをもらった労働者が辞め、その補充をするため求人が出てくるということであった。

　このような話は、いろいろなところで聞いた。話を総合すると、新規学卒雇用ではあるが、高校生の定期的な採用の枠がかなり小さくなっていて、そのために欠員補充の枠が重要になるという推理である。

　このような状況の極端な例に、卒業後の4月〜6月まで卒業生にも職業の紹介が行なわれるということがある。

(2) 教員が感じる二つの困難

　このように従来とは異なる進路環境と進路意識に対して、それぞれの学校は学校全体としての様々の取組みを行なっていた。

　特に進路多様校の中でも「底辺校」は、学校が学校として機能できるまでに毎年かなりの期間と努力を必要としていた。具体的には、「学校生活に生徒を定着させる生活指導」を行なわなければならない状況にあった。それでも生徒が「落着く」までに20％以上が退学する。その場合に進路指導は、生活指導と結びつけて行なわれていた。

　例えば、頭髪や服装で「問題がある」生徒の場合は、「就職面接では、それだとうまくないよ」と指導するというようなことである。それで生徒から「ウザい」と、そっぽを向かれる場合もある。

　ところで進路指導で直面する「指導」の問題は、およそ2点にまとめられる。

　第一に、進路選択の「選択」の意味が変化（あるいは、「純化」）していることである。

　具体的な進路指導の場面では、就職先決定の最終的な期限が迫っているにもかかわらず、「その就職先は、私の希望ではありません」と主張し、決定を先のばしにする生徒の存在である。希望が第一の、あるいは唯一の原理となっているのである。

　それに対して、「選択をしなければ就職は可能だ」、「働くかどうかは、希望かどうかではなく、やらなければならないことではないか」という反論を教員がするが、なかなか通じない。

なぜ「平然」とこのように言えるのかということを、ある教師は「生徒は、働くことを『選択するもの』として、言い方を変えれば、働くことは『選択しないこと』も可能であるかのように生徒は理解しているのではないか」と解釈していた。

この点を考察したいのだが、その前に進路指導の制度的原理の問題についての補足をしておく。

1989年の学習指導要領を根拠とした、「在り方生き方」の進路指導が、現在の進路指導の原理となっている。この進路指導は、指導の制度的な根拠を憲法の規定する「職業選択の自由」においている。そして生徒を進路選択に導く方法は、「興味や関心」を進路につなげていく方法である。これは、1980年代後半から90年代初頭の「個性」や「自由」が教育政策として強調された流れを背景にしている。

このような国策に加えて、世論としても、希望の絶対視を選択の原理とするような論調が力を持っている。昨今の「進路選択」本の中でも評価の高い村上龍の『13歳のハローワーク』[村上 2003]においても、端的に「好きなことを職業にする」ことが主張されている。ここでは100を越える職業の一覧から、希望のものを選択することになっている。

いわば官民一体で「希望」や「好き」が進路選択の論理として主張されているわけだが、もう少し先ほどの教員の話にもどって考えてみたい。

なぜ選択絶対視の思考には問題があるのか。少なくとも二つの考え方があろう。

一つは、選択以降の「働き続けてゆくこと」への考慮がどこかに行ってしまうということである。働くことを支えるものとしては、選択時点の「希望」の力は限定されている。

もう一つは、働くことと「希望」や「好き」は、うまくつながらないということである。働くことは、「好悪」とは別に、あるいは「関係なく」必要なものであり、労働のある局面において「好悪」の感情を抱く場合があるだけであろう。だから、「好き」を基準にすることは、仕事を選ぶ一つの基準にしかならない。

第二に、進路決定という人生の一つの転換点にあたって、特に就職において顕著だが、それを「しっかり」と「受け止める」姿勢が生まれてこないことである。当事者意識の欠如と言ってもよいかもしれない。

よく聞かれたのは、「昔の生徒は、なんのかんの言っても時期が来たらしっか

りし、働くことを受け止めた」というような感想である。

　そしてこの就職という現実を「受け止められない」生徒を、「幼い」と評価する判断がこれに続いてなされる。類似する評価として、「未熟」や「大人になれない」等があった。

　この「受け止められない」理由として、大雑把に言って二つの解釈を教師はしている。

　それは「幼い」をはじめとして、「目先のことしか考えられない」、「何をしてよいのかわからない」、あるいは「未来に対する展望が描けない」等である。いずれも昔の生徒の進路意識とは異なる、現在の生徒の進路意識に責を負わせるものである。

　もう一つの解釈は、生徒と社会のつながり方の変化が重要だと考える。昔の生徒は、就職することで、家庭から社会に入っていった。しかし、今の生徒の学校生活には、いろいろな「社会のカケラ」が入ってきている。アルバイトで働いているし、消費も一人前である。これが学校生活と就職（進学）して以降の生活を、段差の少ないものにしており、学生は新しい生活に入るという「畏れ」（「構え」）をもてないのではないか。

　この状況を変えるために、どうするかという点で、キャリア教育が期待されているが、この二つの困難が根の深いものだと考えている教員も多い。

3.　高校生の就業意識と自己意識

　ここでは、札幌地区の高校3年生の就業意識と自己意識の関係を明らかにする。但し、この部分の分析は、［浅川 2008］に、釧路地区との比較を含め載せてあるので、詳しくはそれに譲り、流れと重要な図表を確認として載せておく。

　この両者の関係を分析したのは、若者研究においてなされている、浅野智彦らの自己意識分析［浅野 2006］と「フリーター」や「ニート」と関わって問題とされる就業意識分析を組み合わせることで新しい分析の地平を拓くためである。

(1) 対象とした学校と生徒の進路希望

　表4の通りに対象校は9校で、生徒はおよそ2,500名である。学校は、高校入

表4　学校×進路希望（札幌地区）

高校名		学科	学生数(名)	就職(%)	専門・各種学校進学(%)	短大進学(%)	四年制大学進学(%)	右記合計(%)	フリーター(%)	迷っていた(%)	考えていなかった(%)	その他(%)
進学校	a	普通科	287	3.2	6.4	6.0	80.9	3.5	0.0	2.1	0.7	0.7
	b	普通科	297	1.4	4.4	0.7	91.5	2.0	1.0	0.7	0.0	0.3
中堅校	c	普通科	318	6.7	28.3	9.6	51.9	3.5	1.6	1.3	0.0	0.6
	d	普通科	264	8.8	32.6	7.7	43.3	7.7	0.4	6.1	0.4	0.8
進路多様校	e	普通科	267	14.2	39.8	5.7	28.4	11.9	3.8	5.7	0.4	1.9
	f	普通科	198	35.2	32.6	3.6	14.5	14.0	5.2	5.7	1.6	1.6
専門高校	g	専門学科	254	53.4	26.5	3.6	15.7	0.8	0.8	0.0	0.0	0.0
	h	専門学科	252	57.8	22.3	4.0	13.9	2.0	0.8	0.4	0.0	0.8
	i	専門学科	305	39.4	36.8	4.3	12.9	6.6	2.3	2.3	0.0	2.0
合計・平均			2,442	23.2	25.1	5.1	41.0	5.5	1.7	2.6	0.3	1.0

注）この表は、浅川和幸「高校生の就業意識と自己意識」（『北海道大学大学院教育学研究院紀要』第105号、2008年6月）からの転載。以下、表8までおよび図2も同様。

試における偏差値を参考にして、進学校、中堅校、進路多様校、専門高校に区別してみた。

　二点を強調しておく。一つは同じ地区の高校でも、区分が異なれば進路がずいぶん異なることであり、もう一つは地区が異なれば、同じ区分でも進路がかなり異なることである。また札幌地区では就職が少なく、四年制大学進学が多い。総じて、北海道において進学における地域差は顕著である。

(2) 生徒の自己意識の特徴

　若者の自己意識の変化に注目した浅野らの研究を参考に、項目を作成しアンケートを行なった。回答は4点尺度とし、因子分析を行なった。その結果が**表5**である。ちなみに、釧路地区は札幌地区と因子構造が全く同じであった。

　因子の解釈を行なう。エ、セ、キからなる第Ⅰ因子は、「自己確信因子」（「自分には自分らしさや個性があり、それを貫くことが大切だ」と考えている）と命名した。同様に、カ、ク、コ、オからなる第Ⅱ因子は、「自己未決因子」（「本当の自分が仮の自分の中に隠れている。あるいは自分が複数ある」と考えている）と命名した。ス、シからなる第Ⅲ因子は、「自己使い分け因子」（「相手に応じて自分を使い分ける」と考えている）と命名した。最後に、イ、アからなる第Ⅳ因

表5　自己意識の因子分析（主因子法、プロマックス回転）（札幌地区）

	因子			
	Ⅰ 自己確信因子	Ⅱ 自己未決因子	Ⅲ 自己使い分け因子	Ⅳ 他者依存因子
エ．自分には、自分らしさがあると思う	**0.82**	-0.03	0.01	0.02
セ．自分には個性がある	**0.74**	0.03	0.09	-0.06
キ．どんな場面でも自分らしさを貫くことを大切にしている	**0.56**	0.12	-0.13	0.00
カ．本当の自分は、まだ自分の中に隠れていると思う	0.01	**0.79**	-0.06	-0.02
ク．どこかに今の自分とは違う本当の自分というものがある	0.10	**0.76**	0.01	-0.03
コ．本当の自分は1つとは限らない	0.12	**0.46**	0.21	0.00
オ．自分がどんな人間か、はっきりわからない	-0.31	**0.42**	-0.04	0.16
ス．話す相手によって、性格がことなる	-0.03	0.00	**0.83**	0.06
シ．話す相手によって、本当の自分と偽の自分を使い分けている	-0.01	0.03	**0.82**	-0.02
イ．自分は人に甘えることが多いほうだ	0.00	-0.05	0.04	**0.76**
ア．一人でいると不安になる	-0.07	0.08	0.02	**0.48**
ウ．自分の感情を素直に出す方が多いほうだ	0.34	-0.04	-0.09	**0.38**

因子間相関係数

	Ⅰ	Ⅱ	Ⅲ	Ⅳ
Ⅰ	—	-.12	-.18	.08
Ⅱ		—	.42	.15
Ⅲ			—	.06
Ⅳ				—

子は「他者依存因子」（「相手に依存して自分を保つ」と考えた）と命名した。ここでは因子の読み取りにおいて、0.4未満のものは無視している。

因子相関係数からは、二つのことがわかる。

一つは、「自己未決因子」と「自己使い分け因子」の相関が強いことである。組み合わせると、「自己を決定しない状態におき、そのことで他者へ選択的に関わる」と解釈できる。この場合のように、「自己未決因子」を、「自分で自分がわからない」というような消極的なものとしてより、他者に選択的に関わるために、「自分を決定しない状態においている」というような、積極的なものとして考えたい。

もう一つは、それほど強いわけではないが、「自己確信因子」と、「自己未決因子」そして「自己使い分け因子」が逆相関していることである。後者の二つは、自己の在り方を「自分らしい」とか「個性がある」とは考えず、「貫こう」とは考えてない。暫定的な性格を感じさせる。

浅野らの研究で多元的自己と呼んでいるものは、本研究でも「自己未決因子」

と「自己使い分け因子」として確認できた。

　以上の4因子が、どのような条件と関連があるのかを重回帰分析で求めた。結果だけを記述する。

　関連を検討したのは、生徒の属性に関する項目（「学校区分」、「性別」、「進路希望」、「保護者の職業」）と生徒の学校生活等への評価に関する項目（「学校生活への評価」、「将来の目標の明／不明」、「親子関係への評価」、「友人の多寡」）である。

　第一に、「学校区分」、「進路志望」、「保護者の職業」等の属性の各因子への影響は部分的である。「性別」の違いは例外的に影響が強い。第二に、「学校生活への評価」、「将来の目標の明／不明」、「友人数の多寡」は、影響が強い。第三に、上記の中でも、特に「将来の目標の明／不明」の影響力は大きく、将来の目標がはっきりしていることが自己意識の在り方に強く影響を与えている。すなわち、この将来、言い換えるなら未来への「希望」は自己の収斂（「未定」の裏返しとしての）に関係している。

(3) 生徒の就業意識の特徴

　就業意識を、下村が用いたものと同様の項目［下村 2000］を使用して行なった。下村は、この論文において、フリーターと共通する要素を高校生の中に探している。**表6**は就業意識に関する10の質問を4点尺度で行い、その結果を因子分析したものである。

　第Ⅰ因子は、キ、コからなるもので「即自時因子」と名付けた。これは、キの「自分に即して」という意味での「即自」と、コの「現在の生活を中心に」という意味での「即時」を合体させたものである。すなわち、「マイペースで将来を考えない」という内容だと考えられる。第Ⅱ因子は、エ、オからなるもので「獲得因子」（「収入と名声を獲得する」）と名付けた。第Ⅲ因子は、クからなるもので、「安定因子」（「安定した職業生活を送る」）と名付けた。第Ⅳ因子は、カ、ウからなるもので「貢献錬磨因子」（「専門を磨き社会貢献をする」）と名付けた。なお、因子の読み取りにおいて、0.4未満のものは無視している。

　就業意識の因子分析は札幌地区と釧路地区の結果が大きく異なる。そのため、最後にこの点について付け加えておく。

表6　就業志向の因子分析（主因子法、プロマックス回転）（札幌地区）

		I 即自時因子	II 獲得因子	III 安定因子	IV 貢献錬磨因子
キ．	あまりがんばって働かず、のんびりとくらしたい（「マイペース志向」と略、以下同様）	**0.633**	0.000	0.122	-0.101
コ．	将来の生活については考えていない（「現在中心志向」）	**0.463**	-0.027	-0.047	-0.078
ケ．	自分に合わない仕事ならしたくない（「適性重視志向」）	**0.208**	0.096	0.069	0.125
エ．	ひとよりも高い収入を得たい（「経済的成功志向」）	-0.007	**0.740**	0.150	-0.100
オ．	有名になりたい（「社会的名声志向」）	-0.005	**0.533**	-0.201	0.140
ク．	安定した職業生活をおくりたい（「安定志向」）	0.050	-0.011	**0.760**	0.120
カ．	人の役に立つ仕事をしたい（「社会貢献志向」）	-0.182	-0.052	0.169	**0.476**
ウ．	専門的な知識や技術を磨きたい（「専門錬磨志向」）	-0.200	0.060	0.015	**0.406**
イ．	若いうちは一つの仕事にとどまらずいろいろ経験したい（「若年転職志向」）	0.314	0.011	-0.137	**0.398**
ア．	仕事以外に自分の生きがいをもちたい（「仕事以外の生きがい志向」）	0.147	-0.001	0.131	**0.305**

因子間相関係数	I	II	III	IV
I	—	.21	.10	.06
II		—	.16	.36
III			—	.05
IV				—

　釧路地区では次のようになった。第Ⅰ因子は、オ、イ、エからなる「転職獲得因子」、第Ⅱ因子は、クからなる「安定因子」、第Ⅲ因子はマイナス符号がついたキとカ、ウからなる「勤勉因子」（「マイペースを否定し、貢献錬磨する」）である。

　両地区の違いは、札幌地区における「即自時因子」の登場のみである。記号で説明するなら、釧路地区の「勤勉因子」（マイナス符号がついたキと、カ、ウ）が分解して、前者がプラス符号に替わりこれにコがついて「即自時因子」となり、後者はそのまま「貢献錬磨因子」になった。因子名の説明としては、「勤勉因子」が二つ分解し、一つが意味を逆転させ「即自時因子」となり、もう一つが「貢献錬磨因子」になったと言える。

　ちなみに、釧路地区で検出された因子は、筆者が同じように北海道士別地区で分析した結果、検出した因子と全く同じであった［浅川 2006］。このことからも、釧路地区が特徴的であると言うよりは、札幌地区が特徴的であり、北海道の状況も踏まえて言うなら、「都市的」な特徴なのではないかと考えられる。

分析を続けよう。因子相関係数からは、「獲得因子」と「貢献錬磨因子」の相関が高いこと、「即自時因子」と「獲得因子」の相関が次に高いことがわかる。「獲得因子」を軸に、「即自時因子」と「貢献錬磨因子」がつながっていると言える。そして「即自時因子」と「貢献錬磨因子」は、マイナスの相関にはない。その点で、釧路地区の「勤勉因子」における結びつき方とは異なっている。

　この札幌地区の就業意識の因子を、重回帰分析にかけた。関連を検討した項目は、自己意識の因子の重回帰分析にかけた時と同じである。属性に関わる項目として、学校、性別、進路、保護者の職業を、志向性に関する項目として、学校生活、目標の明／不明、親子関係、友人を取り上げた。

　就業意識の因子への影響は、属性では学校や性別、保護者の職業の効果は限定されているが進路希望の影響は強い。特に「即自時因子」おいて、具体的には、学校区分の進学校が、進路希望の専門学校・各種学校進学希望がマイナスの効果をもっている。志向性に関する項目では、学校生活や目標の明／不明、そして友人関係の効果は大きい。しかし、自己意識の因子の重回帰分析よりも限定的である。特に「即自時因子」おいて、目標の明／不明が強く関わっている。

(4) 自己意識と就業意識の関係

　自己意識と就業意識との関係をみるために、それぞれの因子のケースごとの因子得点を相関分析にかけた。その結果を、因子ごとの関係として表したのが図2である。ここでは、釧路地区の結果も加えてある。

　関係を表した線の近くに相関係数を掲げてある。相関係数が0.2を越えるものは強調するために、太線に変えてある。同様に相関係数がマイナスのものは点線にした。

　札幌地区には、「自己未決因子」と「自己使い分け因子」が「即自時因子」とつながる関係1と、「自己確信因子」が「獲得因子」と「貢献錬磨因子」につながる関係2の、二つの関係があることがわかる。後者は、釧路地区において同様のものが確認できる。

　前者において、「自己未決因子」と「自己使い分け因子」の相関係数が高いことから、両者を対象として偏相関係数を計算した。共に偏相関係数が0.10であった。

因子関係図（札幌地区）　　　　　　　**因子関係図（釧路地区）**

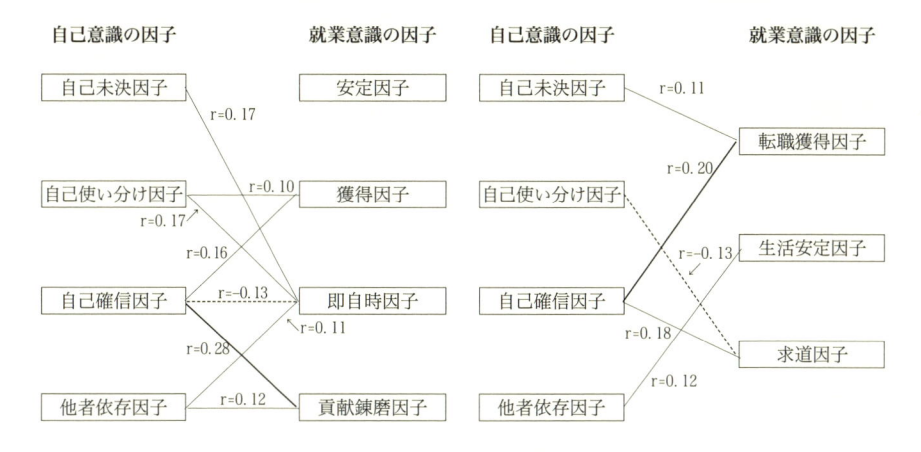

図2　自己意識と就業意識の関係

注）1　rは因子間の相関係数である。
　　2　点線は相関係数が負である。
　　3　太線は相関係数が大きいもの。

　このことからこの両者が「即自時因子」と関係していると考えてよい。後者においても、「獲得因子」と「貢献錬磨因子」の相関係数が高いことから、同様に偏相関係数を計算した。結果的に、「自己確信因子」と「獲得因子」の偏相関係数のみ0.03に低下した。このことから「自己確信因子」は、「貢献錬磨因子」と関係していると考えられる。

　関係2の意味は、「労働の中で社会貢献し鍛えられ、そして自己を確定・確信し成長する」というものであろう。これは、進路指導において前提とする「キャリア発達」の姿に非常に近い。特に、釧路地区の「自己確信因子」と「求道因子」の接続は、「キャリア発達」の理想形を強く想起させる。

　それに比べて関係1は解読が難しい。仮説的な解読になる。「自己未決因子」と「自己使い分け因子」を「自己を一つに決めない」自己意識であると考えておくと、これが「即自時因子」という「マイペースで将来を考えない」就業意識と結びついていることになる。そしてこの就業意識が、「獲得因子」との相関が高いことを思い出すなら、「自己の非決定」と「自己本位で無時間的な獲得」と結びついてい

ると言える。「即自時因子」という就業意識は、就業の形（「マイペースで将来を考えない」）はあるが、内容あるいは目的が欠落している。そこに「獲得」が納まるのではないかと考えたわけだ。

　両者の対比を強調する形で、さらに考察を進めよう。関係2を「発達を軸とした」「決定された自己」と「労働」の関係であるとしよう。そうするなら、関係1は「無時間的な」「非決定の自己」と「獲得的就業」の関係であると言えるのではないだろうか。

　これは中西新太郎が若者の成長イメージが、「内面の陶冶」から「スタイルの選択」になると主張したことに近い［中西　2007］。暫定的に名前を付けておく。進路指導との関係を重視すると、関係2は「発達型」と言ってよいように思う。関係1を、［浅川　2008］において暫定的に、「非発達型」と命名したのだが、これではやはり否定的な意味が付与されてしまう。中西に学び、肯定的な意味を打ち出すことにしたい。

　二つの関係の対比についてもう少し付け加えると、前者が時間的なスパンにおける自己の変化だとすると、後者は現時の自己の変化あるいは選択である。そして付け加えるなら、前者は現時における確定（「自己確信因子」）がカップリングし、後者は時間的なスパンにおける無変化（あるいは、時間のカテゴリーの不在）がカップリングする。

　これらのことから、筆者は関係2を〈発達型〉と、関係1を〈即応型〉と呼んでみたい。すなわち「自己の時間的な構成の違い」、あるいは「時間的展望」の違う自己の類型と考えたい。

(5) 小括——進路指導と生徒意識のミスマッチ

　本稿の前段で明らかにしてきたように、進路指導において二つのことが強調されていた。一つが、「自分の希望だけにこだわらないこと」である。これは、進路決定にあたって、希望だけでなく、様々な条件や、現時点では理解できないことも受容することの重要性である。もう一つが、「将来を展望すること」であった。これは、「自分の将来」として受け止める重さをもって「将来を展望する」という姿勢の重要性である。

　そして、このような進路指導の要請と、後段で明らかにしてきた〈即応型〉（「未

来を起点に現在を律する」ことのない在り方）が、上手くかみ合わない、言い換えればミスマッチを起こしているのではないか、というのがここでの暫定的な結論になる。

しかし、〈即応型〉を進路指導と相いれないからといってそれを否定するだけですむわけでもないだろう。これ以降において、もう少し丁寧に、この〈即応型〉がどのような意識であるのかを、社会意識、生活意識、将来意識という三つの意識と、さらには相談相手についてみてゆこう。

4. 〈即応型〉の意味

〈即応型〉として考えたのは、自己意識における「自己未決因子」と「自己使い分け因子」、そして就業意識における「即自時因子」の接続であった。ここでは各因子を別々に扱うやり方で検討する。そしてより職業に引きつけた分析を加える。

(1) 〈即応型〉と社会・生活意識と将来意識

表7　即自時因子×社会・生活意識（札幌地区）

	社会・生活意識 （プラスのもの）	相関係数	有意確率		社会・生活意識 （マイナスのもの）	相関係数	有意確率
エ.	うまれつきの能力や才能には違いがあるので、努力しても仕方がない	0.28	***	ソ.	自分の将来は幸せなものになっていると思う	-0.16	***
サ.	今は夢がかないにくい世の中だ	0.20	***	コ.	この社会には夢や希望がたくさんある	-0.16	***
シ.	日本は悪い方向に向かっていると思う	0.15	***	イ.	努力した人としない人では、将来の生活に格差ができる	-0.15	***
オ.	どんな学校を出たかによって、人生がほとんど決まってしまう	0.15	***	ア.	どんなことにでも、努力して高い目標を達成することは大切だ	-0.13	***
ク.	学歴によって社会的地位や収入が異なるのは当然だ	0.08	***	ウ.	社会で成功できるかどうかは、本人の努力次第だ	-0.12	***
キ.	能力とは関係なく、学歴はそれ自体で意味がある	0.07	***	セ.	自分は今、幸せだ	-0.11	***
カ.	学歴は、本人の実力をかなり反映している	0.06	**	ス.	自分は将来、大きなことをして成功すると思う	-0.08	***
				ケ.	今の生活には満足している	-0.08	***

※ ***p<.001、**p<.01、*p<.05

全体として〈即応型〉は、「社会への悲観」、「努力の否定」、「不幸せ感」という点で共通する。しかし、努力の評価をめぐって違いもある。「自己未決因子」と「自己使い分け因子」の場合は、個人的な努力が無意味であることと「生活の不満足」が結びついていた。しかし「即自時因子」では努力はそもそも価値がないと評価され、そのため不満は少ない。

　「即自時因子」の表7のみ掲げておく。以降も同様である。

(2)〈即応型〉と将来意識

　全体として〈即応型〉は、「将来はなるようになるので考えない」ことや、「遠い将来の目標のためにコツコツ努力するより、現在したいことをする」ことが強く肯定されている。そして「即自時因子」についてみた表8のように、「高い収入を得ること」も強く肯定されている。また仕事に打ち込むことやそれを通して自己実現することが否定されている。

表8　即自時因子×将来意識（札幌地区）

将来意識（プラスのもの）	相関係数	有意確率	将来意識（マイナスのもの）	相関係数	有意確率
カ．将来については、なるようになるので、あまり考えないこと	0.34	***	イ．広く社会のために尽くすこと	-0.19	***
セ．遠い将来の目標のためにコツコツと努力するより、現在したいことをすること	0.29	***	シ．仕事に生きること	-0.16	***
ケ．高い収入を得ること	0.21	***	ス．なにがしかの専門を極めること	-0.13	***
タ．特定の「心がけ」をもたないようにすること	0.19	***	ソ．どんなことでもチャレンジすること	-0.08	***
ク．不安な要素が多いことは、できるかぎりしないようにすること	0.19	***			
キ．仕事や家庭のほかに、打ち込める趣味をもつこと	0.15	***			
サ．身近な友人と楽しくいきること	0.13	***			
ア．高い社会的地位につくこと	0.06	**			
エ．チャンス（転職・仕事・結婚などにおいて）を逃さないようにすること	0.04	*			

※ ***p<.001、**p<.01、*p<.05

積極的に将来を否定している点に特徴がある。同時に努力の効用が否定されている。前述した「目標の明／不明」も考慮に入れると、ここでの〈即応型〉は「目標がわからない」というところから、「目標をもたない」という積極的なものになっているようである。

(3) 〈即応型〉が職業選択で重視する条件

これ以降の分析では、〈即応型〉の特徴がより極端な形で現れている「即自時因子」にさらにフォーカスして、進路指導にどんな問題を提起しているかをみてゆく。

そのために分析の仕方を変える。まず「即自時因子」の因子得点を点数の低いものから順に並べ、次にそれを四等分する。最も「即自時因子」の因子得点の低いもの、言い換えれば「即自時因子」度の低いものを即自時度1とし、逆に最も因子得点の高いものを即自時度4とした。この二つを比較することで、「即自時

表9　職業選択で重視する条件（即自時度4を基準とした即自時度1との比較）

	即自時度4の生徒の重視する労働条件（%）	即自時度1の生徒の重視する労働条件（%）	即自時度4-即自時度1（%）
仕事の内容・職種	67.2	68.4	-1.1
賃金の条件がよいこと	54.2	37.2	17.0
自分の技能・能力を活かせること	40.2	64.3	-24.1
労働時間・休日・休暇の条件がよいこと	33.3	14.5	18.8
通勤に便利であること	18.2	11.9	6.3
勤務地	17.3	13.3	4.0
会社の将来性	17.3	18.7	-1.4
会社の規模・知名度	9.0	13.6	-4.6
転勤がない・転勤の地域が限定されていること	8.3	6.1	2.2
実家から通えること	6.4	6.6	-0.2
仕事の社会的意義	3.6	12.2	-8.6
福利厚生	3.6	4.4	-0.7
会社が実力主義であること	3.3	6.1	-2.8
その他	1.7	2.1	-0.4
労働組合があること	0.5	2.3	-1.8
度数	577	572	

因子」のもつ特徴をみた。

　表9は即自時度4(「即自時因子」的な要素が最も強い)の生徒が重視する労働条件順に並べたものである。「仕事の内容・職種」が最も多く、これに「賃金の条件がよいこと」、「自分の技能・能力を活かせること」があがっている。

　即自時度1との比較からは、「賃金の条件がよいこと」や「労働時間・休日・休暇の条件がよいこと」が特に強いことがわかる。これ以外では、「通勤に便利であること」、「勤務地」をかろうじてあげることができる。逆に弱いものとしては、「自分の技能・能力を活かせること」が圧倒的に低いことである。それ以外では、「仕事の社会的意義」が低い。

　このように、労働条件としては、賃金と労働時間に関心が集中している。その点から言っても、「仕事の内容・職種」も、対価から言って納得できるものという意味であることは確実であろう。

　しかし逆の言い方も可能で、即自時度4の生徒は対価に関心が強く、即自時度1の生徒は仕事の内容や社会的意義に注目するあまり、対価への関心が低いと言えるのかもしれない。この点で評価は分かれるかもしれない。

(4)〈即応型〉が学校に求めるもの

　同じように学校に求めるもの(キャリア教育に要望するもの)を検討する。学校教育に期待しているのか、していないのか。そしているとすれば、どのようなことだろうか。ここまでの検討からは、〈即応型〉は実利的なものに偏っていることが予測できる。

　まず期待するものがあるかどうかを比較する。

　即自時度1では60.0%の生徒が期待していると答えている。即自時度4では、この比率は43.1%にすぎない。期待の点で大きく異なっている。即自時度が高い(「即自時因子」の影響が強い)生徒は、学校に期待している率が低い。次に期待するとした生徒の求める教育内容を検討する。

　まず全体的な分布をみる(**表10**)。即時度4を基準にみる。学校に期待する教育内容としては、まず「マナーや礼儀」があがる(73.0%)。これに50%台で続くのが、「自分がどんな仕事に向いているのか」、「自分を知ること」、「他人と接す

表10 学校に期待する仕事に関する教育内容
（即自時度4を基準とした即自時度1との比較）

	即自時度4の生徒の支持（%）	即自時度1の生徒の支持（%）	即自時度4-即自時度1（%）
マナーや礼儀	73.0	82.1	-9.1
自分がどんな仕事に向いているのか	58.2	44.6	13.6
自分を知ること	57.8	56.8	1.0
他人と接するコミュニケーション能力の訓練	56.3	56.0	0.3
就きたい職業の具体的な内容や必要とされる能力	55.1	50.0	5.1
実際に働く体験（インターンシップなど）	53.5	50.9	2.7
仕事で実際に使える知識や技術の訓練	42.6	38.6	3.9
社会人としての考え方やふるまい	39.5	50.0	-10.5
基礎学力	39.1	47.2	-8.1
資格の情報（どこで取れるのか、どれくらい役立つか）	36.7	34.7	2.1
生きること、働くことの意義	31.3	37.5	-6.3
仕事を選ぶときに、どんなことを注意すればよいか	30.1	22.7	7.4
いろいろな働く場所での具体的な労働条件（賃金・労働時間・職場環境など）について	29.7	21.6	8.1
基礎的な生活習慣	29.3	36.4	-7.1
自分にとっての生きがいや働きがいについて考えること	26.2	25.9	0.3
企業の仕組みについて	22.3	20.7	1.5
職業やキャリア情報の調べ方	19.5	16.2	3.3
人生設計の考え方	19.1	19.6	-0.5
勤労観・職業観（例：仕事とは何か等）	18.0	17.6	0.4
産業や経済の現状についての知識	17.2	17.6	-0.4
様々な職業のそれぞれがもつ役割や意義	17.2	16.5	0.7
仕事と家庭の在り方	15.6	16.8	-1.1
労働者がもっている権利	15.6	14.2	1.4
社会貢献やボランティアについて	14.5	21.0	-6.6
労働における男女差について	12.1	13.1	-1.0
度数	256	352	

るコミュニケーション能力の訓練」、「就きたい職業の具体的な内容や必要とされる能力」、そして「実際に働く体験（インターンシップなど）」である。

　調査対象の構成において普通科高校の比率が高いので、より基礎的なもの、端的には「マナーや礼儀」が選ばれているようだ。しかしキャリア教育で内容の中心を占める「勤労観・職業観」は低い（18.0％）。理念的なものよりも、実学的な

ものが支持されているようだ。そのこともあってか、働く上で現実的な「就きたい職業の具体的な内容や必要とされる能力」(50.1％)や「仕事で実際に使える知識や技術の訓練」(42.6％)も、高い位置にある。

比較をする。5％以上差があるものまであげておく。

即時度4の生徒が選んだ率が高いのが、差の大きい順に「自分がどんな仕事に向いているのか」(13.6％差)と「いろいろな働く場所での具体的な労働条件(賃金・労働時間・職場環境など)について」(8.1％差)、「仕事を選ぶときに、どんなことを注意すればいいか」(7.4％差)、そして「就きたい職業の具体的な内容や必要とされる能力」(5.1％差)である。仕事への適性と労働条件、そして具体的な仕事のための訓練という実際に仕事を考える上で必要なものが強い。

即時度1の生徒の率が高いものは多い。差の大きい順に、「社会人としての考え方やふるまい」(10.5％差)、「マナーや礼儀」(9.1％差)、「基礎学力」(8.1％差)、「基礎的な生活習慣」(7.1％)、「社会貢献やボランティアについて」(6.6％差)、そして「生きること、働くことの意義」(6.3％差)となっている。即時度1の生徒は、働くための基礎的・準備的なものを求めている。

この違いを一言で表すならば、「切実さの違い」であろう。即時度1の生徒は、職業生活の入り口に相応しいものを選んでいる。このような差から言って、「即自時因子」を含む〈即応型〉は確かに、時間的展望はない。だからこそ切実に仕事に必要なものを期待している。しかし、他方で学校に期待していない。これらのことから、要求はあるが、学校には期待できないと見切っているようにも思える。

(5) 〈即応型〉の相談相手

表11　即自時度×「進路について相談する相手がいない」

	即自時度4の評価		即自時度1の評価	
	度数	％	度数	％
強くそう思う	61	10.3	23	3.9
どちらかと言えばそう思う	130	22.0	73	12.2
どちらかと言えばそうは思わない	233	39.4	179	30.0
まったくそうは思わない	167	28.3	321	53.9
合計	591	100.0	596	100.0

以上のような「切実さ」と「学校への見切り」を抱えた生徒たちには、受け止める相手に恵まれているのだろうか。**表11**は即時度別に進路についての相談相手をみたものである。

　相対的ではあるが、即時度4の生徒は相談相手が少ない。表は掲げていないが、教師に対する相談も同様の傾向をもつ。解釈は二通りある。「見切っている」から、「相手がいない」のか、「相手がいない」から「見切るしかない」のか、である。

　これまでみてきたように、〈即応型〉は将来の見通しをもたないから、労働条件を重視し、仕事に関する教育内容に現実的なものを期待する。しかしながら（だからこそ）学校に期待せず、相談相手が少なくなる、という現在の進路指導とやはり上手く結びつけないようになっている。

5. 学校進路指導への示唆

　最後に、これからの進路指導・就職指導を考えるための示唆をする。

　生徒調査から導き出された就業意識の二つの型のうち、〈発達型〉は従来的な進路指導が可能であると考えるが、〈即応型〉は新しい進路指導が必要であろう。

　前者は基礎的な内容を重視しているために、学校における職業の教育やキャリア教育にも反応が良いと思われる。ただし、勤労観・職業観の教育についてはそれほどでもない。

　後者は即戦力的な内容を重視しているため、学校における職業の教育やキャリア教育では上手くいかないように思える。そしてそもそも学校での教育に期待していない点も困難さを強める。さらにこの型は、場面によって対応を変えるので、指導も効きにくい。

　しかしながら、〈即応型〉の生徒に対して、学校にはできることがあるように思う。第一に、この型の生徒の時間的展望がミニマムであるのは、将来や社会への悲観を基盤としている。だからこそ、あるいは開き直って時間的展望をミニマムにしている。現在の学校が未来への確かな希望を語れる場所であるのかどうかが問われている。第二に、彼ら／彼女らは相談相手がいないと感じる場合も多い。実質的には孤立しているかもしれない。この問題の対処には学校はぴったりの場所であるはずなのではないのだろうか。しかし多元的に対応する生徒にどのよう

に響く指導ができるかは、簡単ではない。

　教員の言葉を借りて少し敷衍してみたい。確かに、前述したように現在の進路指導において、「自分の希望だけにこだわりすぎないこと」と「将来を展望すること」は、〈即応型〉とミスマッチしている。このような状況の打開の方途についても質問をしたが、どの教員も確実な方法があるとは言っていない。

　しかし、ヒントはあった。教員が語ったことの中で、筆者が重要だと思うものを3点だけあげておく。

①ある専門高校の教員は進路指導の目標について、次のように考えていた。
　「進路指導は、進路を決めて『一丁終わり』あってはいけない。生徒が自分の人生と向き合うことを学ばなければならない。だから、進路は決めても決められなくても、『揺さぶる』。決まった生徒には『それで良いのか』と問い、決まらない生徒には『こんなのどお』と進める。要は考えさせること。」
②また別の普通科の教員は進路指導の方法について、次のように考えていた。
　「彼らは、大人から学ぶことは全くない。自分たちの中で、『あーだ、こーだ』言う中で学ぶ。だから、集団を動かすようにしなければいけない。」
③さらに、いろいろな教員が、「進路指導が個人の内面を志向した適応であってはいけない」ことや、「社会に開かれてゆく集団的な思考・実践である必要がある」ことを語っていた。

　学校紹介就職や進学の変化の中で、学校がどのように生徒の将来に関わってゆけるのか、さらに考えてみたい。
　そして、この生徒の変化が、どのように労働運動に影響を与えるのかということについては、今後も私の課題である。

〔引用・参考文献〕
浅川和幸　2008、「高校生の就業意識と自己意識―時間的展望の異なる二つの類型について―」『北海道大学大学院教育学研究院紀要』第105号。
──　2006、「進路指導の転換期における高校生の職業意識―北海道S市を事例に―」、『北海道大学大学院教育学研究科紀要』第98号。

―――― 2004、「新規高卒就職の変化と進路指導―北海道を事例に―」『北海道大学大学院教育学研究科紀要』第94号。
浅野智彦編 2006、『検証・若者の変貌 失われた10年の後に』勁草書房。
厚生労働省職業安定局 各年度、『新規学卒者の労働市場』。
村上龍 2003、『13歳のハローワーク』幻冬舎。
中西新太郎 2007、「幼稚になるという成熟－消費社会化と成長・自立像の変容」小玉亮子編『現在と性をめぐる9つの試論 言語・社会・文学からのアプローチ』春風社。
酒井朗 2007、『進学支援の教育臨床社会学』勁草書房。
下村英雄 2000、「高校生の進路意識と希望進路の変更」『進路決定をめぐる高校生の意識と行動―高卒「フリーター」増加の実態と背景』日本労働研究機構調査報告、No.138。

大学生のソーシャル・ネットワークにおける大学の機能
――大学就職支援におけるパターナリズム paternalism 進行のジレンマ――

堀　有喜衣
（労働政策研究・研修機構）

はじめに

　本稿の目的は、大学生の就職におけるソーシャル・ネットワークに着目し、彼らのネットワークの中で大学がどのような位置を占めるのか、またどのようなソーシャル・ネットワークが安定した移行に結びつきやすいかということについて検討することである。

　かつて大学の就職部や教員が企業との太いパイプを持ち、大学が学生の就職マッチングに強く関与していた時代もあったが、現在は理系の大学でもオープンエントリーの企業が大半を占めるようになった。企業の採用行動の変化は、就職をめぐる学生と大学との関係に変化をもたらしつつあるが、その関係性がはらむ問題性もまた多様化しつつある。同年齢人口の半数近くが進学するようになった大学においては、大学の就職支援とは関係なく「主体的」に就職できる学生も、大学から「手とり足とり」就職指導を受けて就職する学生も、同時に存在するというのが今日的状況である。つまり大学生の就職一般について語ることは今やできなくなっており、どこでどのような就職マッチングの分化の契機が起きているのかを探ることが重要な課題として浮上しつつあるように思われる。

　こうした問題意識のもと本稿が着目するのは、それぞれの学生が教育から職業への移行の場面で何を拠りどころとしているのかという視点である。ここでは大学生の拠りどころとなる関係性をソーシャル・ネットワークという概念で捉え、ソーシャル・ネットワークのありようと就職の関係を問うことを通じて、大学生の就職マッチングについて検討を加えることとしたい。「ソーシャル・ネットワーク」とは、若者の判断の基準の拠りどころとなる、物理的な支援のみならず精神

的な支援を受けられる社会的紐帯であり、彼らの生活世界を意味している[1]。また若者にとってのソーシャル・ネットワークは、若者に対するサポートとなり、若者の可能性を広げていくという意味でも重要である［堀 2004］。

そこで本稿は、大学生のソーシャル・ネットワークに焦点づけて就職との関連を大学ランクごとに分析するが、その際には特に大学の役割に着目する。この視点は、大学の就職・キャリア形成支援のあり方を、今後どのように展開していくのかというプラクティカルな問いも射程に入れることができる。すなわちこれまで就職・キャリア形成支援に関する研究は実践的な課題と結びつくにとどまっていたが、学生のとってのソーシャル・ネットワークの機能という社会学的な課題とも接点を持つと位置づけることができよう。

以下では、第1節で先行研究の検討により課題を抽出し、本稿で用いるデータについて説明する。続いて大学生調査を用いて、ソーシャル・ネットワークの現状について分析を加える。さらにソーシャル・ネットワークにおいて重要な役割を担う大学側に焦点をあてて検討する。最後に知見を敷衍し、大学就職支援におけるパターナリズム paternalism のジレンマについて述べる。

1. 先行研究の検討

これまでの大学生の就職に関する研究は、教育社会学に代表される「大学ランク—企業規模」研究と、大学生の職業選択に関する研究が代表的なものと言ってよいだろう。

「大学ランク—企業規模」研究は、「大学入学難易度（偏差値）と企業規模との正の相関」［平沢・濱中 2008］があるということを繰り返し明らかにしてきた。この構造については、近年になっても大きな変化をしていない、というのが現在でも一般的な見方である。

次に大学生の就職希望先の選択においてしばしば言及される大学生の「意識」についての研究を参照しよう。現代の大学生は無数にある就職先を検討する際に、自分の「やりたいこと」ができるかどうかをまず考える。ただし心理学の立場から大学生（短大・専門学校含む）のキャリア意識と職業未決定との関連を検討した安達［2004］においては、若者の特徴的な職業意識として「適職信仰（いつかぴっ

たりの仕事に出会える）」「受身（将来なんてどうにかなる、そのときに考えればよい）」「やりたいこと志向（やりたいことを仕事にしたい）」のうち、「受身」のみが職業未決定に影響を与えていると言う。なぜなら「適職志向」「やりたいこと志向」は若者全体に広く共有されているため、職業決定／未決定を仕分ける重要な要因とはならないからである。すなわち大学生の場合、彼らの意識面だけに大学生の就職選択の要因を求めることは難しい。したがって意識だけに着目した分析ではなく、彼らがどのような構造に「埋め込まれて」おり、どのような状況に置かれているのかに着目することも重要だと考えられる。

　さて彼ら・彼女らが生きている生活世界に迫る手法とされるソーシャル・ネットワーク概念であるが、これまで日本におけるソーシャル・ネットワークに関する代表的な研究は、すでに仕事に就いている者が仕事を獲得する際に、ソーシャル・ネットワークがどのように機能するのかを明らかにする研究が主流であった。例えば転職の場合、公的機関や民間の転職支援機関だけでなく、いわゆる「人脈」や「紹介」などが有効に働いていることはよく知られている。グラノベッターは、アメリカのホワイトカラー労働者において、「強い紐帯」（親しい友人や家族や親戚など）ではなく、「弱い紐帯」が転職を成功に導くことを明らかにしている［グラノベッター　1998］。これに対して日本のホワイトカラー労働者においては転職にあたって、「強い紐帯」が有利に働いていることが見出されている［渡辺 1991］。

　こうした知見をふまえ、ソーシャル・ネットワークの質を決定する要因について目が向けられた研究もある。蔡・守島［2002］は、利用するソーシャル・ネットワークの質によって転職がうまくいくか否かという点よりも、そもそも個人が置かれた立場によって転職経路が制約されている点を強調している。すなわち労働市場において不利な立場に置かれやすい女性や失業した中高年は、より望ましい結果をもたらす確率の高いソーシャル・ネットワークを持ち合わせていない。そのため転職の際には、誰でも利用できるフォーマルな経路（ハローワーク等公的機関）を利用することになるのである。

　しかしこれらの研究は、すでに労働市場に出てしまった者についての研究である。新規学卒者、特に高卒者については学校を通じた就職が安定した移行に結び

つくことは広く知られている（例えば［苅谷 1993］）。

　上述したように、大卒就職研究では従来、大学ランクと企業規模の結びつきを議論する研究がほとんどであったが、苅谷らは教育社会学の立場から、90年代はじめの銘柄大学のOB/OGを通じた就職がソーシャル・ネットワークとして機能し、大学生の就職の質の改善に役立っているとした［苅谷 1995］。さらに地理学からも、地方における高等教育機関の就職担当部門の重要性が指摘されている。中澤［2001］は、地方中核都市と地方圏出身の研究開発技術者の就職チャンネルに着目し、地方中核都市の学生は研究室や指導教官を通じて仕事を見つけているが、地方圏出身の学生は就職担当部門を通じて就職することで、東京大都市圏の良好な雇用機会にアクセスしていることを明らかにしている。したがって、銘柄大学や研究開発技術者という限られた対象ではあるが、新規学卒者においても、どのようなソーシャル・ネットワークを用いるのかによって就職の質が左右される可能性が高いと言えよう。

　けれどもこれらの研究は、まだ大学が就職プロセスで重要な位置を占めていた時期の研究であり、かつ就職者の中での分析であって、就職せずに学校を離れていく大学生については十分に扱われてこなかった。現在は大学を通さずインターネットを通じた一見「自由な」就職活動が中心になっていることからしても、これらの知見を現代の大学生にそのままあてはめることはできない。

　さらに言えば、『学校基本調査』によれば、2000年代前半の大卒者のおよそ4分の1は無業者となっていた。近年は景気の急激な回復により無業率は低くなっているものの、景気の悪化がまた起これば、再び無業者率が上昇する可能性が高い。またいったん正社員以外の働き方で労働市場に参入してしまうと、その後に正社員になることは難しい［堀 2007］。大学を出たことの効果がなくなってしまうのである。大学生が卒業時点で正社員になることは、若者の安定した移行のために不可欠であると言ってよい。企業規模に代表されてきた就職先の「質」という観点を一歩進めて、安定した移行に結びつきやすい正社員としての就職にも分析を広げることが必要である。

2. データの概要

本稿で用いるデータは、労働政策研究・研修機構が実施した「大学生のキャリア展望と就職活動に関する実態調査」(調査1)、および「大学就職部／キャリアセンター調査」(調査2)、大学就職部インタビュー(調査3)である。

調査1は、2005年10月～11月にかけて、労働政策研究・研修機構に設置された「大卒就職研究会」が、全国の4年制大学(医学・看護学・宗教学の単科大学を除く)のうち、協力を得られた276校の4年生(医学部、歯学部、看護学部部の学生を除く)を対象に実施した。有効回収票数は18,509票、その内訳：web調査以外＝16,486票、回収率33.6％、web調査＝2,023票(38校)である。なお調査1における各大学における学生の抽出は、できる限り該当大学の学生全体を代表する構成になるように依頼したが、学事日程等の都合で内定者のみに配布した場合や一部の学部のみに配布した場合があるため、各大学の内定者割合が8割を超える場合、または回答数が30人未満の大学は大学ランクごとの分析対象から除外した。また、配布数も大学の状況によって異なり一律ではない。**表4**を除く図表の分析に用いた。

調査2は、全国の4年制大学(医学・看護学・宗教学の単科大学を除く)で、平成16年に卒業生を出しているすべての大学(617校)の就職部・キャリアセンターに対して郵送調査で実施された。実施時期は2005年7月～8月、回収票数は510票(回収率82.7％)であった。**表4**の分析にのみ使用している。

調査3は2005年秋に、『就職支援マニュアル』作成に先立ち10大学の就職担当職員に対して実施されたもので、就職支援において高い実績を挙げている大学が選定されている。本稿ではうち2校のみ活用している。

なお大学の選抜性は、私立A、私立B、私立C、国立、公立(ただし調査1は国公立が1つの変数になっている)の5(4)類型による[2]。

3. 大学生調査から見る、大学生のソーシャル・ネットワーク

分析に先立ち、本調査の対象者の予定進路について見ておこう(**図1**)。調査1の対象者の卒業後の予定進路は、四年生秋の時点で内定を得て就職活動を終えている者が58.8％、内定はもらったが就職活動を継続中の者が4.8％、まだ内定をもらっておらず就職活動を継続中の者が14.5％いた。これに対して、内定企業

特集　若年者雇用マッチング・メカニズムの再検討

がなく、かつ現時点で就職活動をしていないという者も19.9％いた。なお同一時期の『学校基本調査』と比較してみると、本調査はやや就職者の割合が高いデータとなっていることに留意する必要がある。

それでは普通に就職活動をしていれば内定が出ている時期に、進路が決まっていない学生は卒業後そのような進路を思い描いているのだろうか（**図2**）。内定企業がなく、就職活動をしていない学生の約半数が、大学院・編入や留学、専門学校など、卒業後に何らかの就学を目指している。就学を目指す以外の予定進路について見てみると、卒業後について「未定・迷っている」という者が11.7％、就業希望がありながら就職活動をしていない者が13.1％いる。このほか、公務員や教員を希望している者（未内定）が14.3％いる。

しかし、現在活動をしていない者がまったく就職活動をしていなかったわけではない。**表1**は、予定進路別の就職活動状況について示したものである。就職が決定した者と比較すると数は少ないが、就職が決まっていないにもかかわらず活動をやめてしまった大学生でも説明会や面接などを受けた者は少なくない。留学や大学院などを目指す者については進路変更であろうが、彼らは初期の段階でつまずいてそのあとに挽回できないまま、就職活動から脱落をしたものと推察される。

それでは彼らはいったいどのような状況にあるのだろうか。自由記述から代表

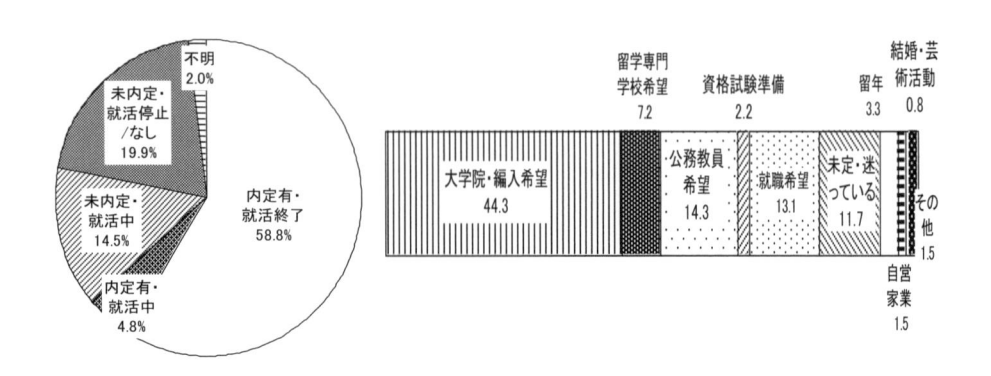

図1　予定進路

図2　左の円グラフのうち「未内定・就活停止／なし」の予定進路内訳

表1 予定進路別就職活動状況

(単位)	説明会参加企業数* (社)	面接を受けた企業数* (社)	内定企業数* (社)	企業説明会参加者比率 (％)	人事面接受験者比率 (％)
合　計	11.7	5.7	1.3	81.5	75.5
正社員	14.7	7.2	1.6		
公務教員内定	3.0	1.8	1.4		
契約派遣・非常勤	10.7	5.5	1.6		
他内定有	10.2	5.4	1.3		
内定なし・就活中	6.5	2.9		75.7	59.7
無活動・大学院希望	3.8	1.1		45.5	22.0
留学・専門学等希望	6.0	1.9		48.6	31.8
無活動・公務教員希望	3.7	1.1		37.3	19.3
無活動・就職希望	5.4	1.7		54.7	30.6
資格試験準備	5.6	2.3		50.0	37.5
無活動・未定・迷っている	3.5	1.1		48.2	22.8

＊それぞれ上下5％を除く平均値。
出所) 労働政策研究・研修機構 [2007]。

的なパターンを抜き出し、以下に示した。

「未内定・迷っている」場合は、①就職活動中につまずき、方向修正に悩んでいる、②やりたいことがわからない、③どうしたらよいのかわからない、④ゆっくり考えたい、⑤進学との間で悩む、のパターンが見出された。

〈無活動・未定・迷っている〉
・「何社か受けたがいずれも内定を取ることはできなかった。そのため、自己分析を繰り返し、自分のやりたい事、したい事がわからなくなった。」(法、21歳、男性)
・「まだやりたいことがわかってないからこんな時期だがうごけない。……どうすれば就活にふみだせるかを知りたい。今一歩踏み出せない。」(商・経、22歳、男性)
・「就職活動について、具体的なことが(何をすれば良いのか)全くわからない。学校も「早くしろ」とは言うが、それだけである。」(社会福祉、22歳、女性)
・「とくに、何も考えていない。まだ自分がしたい事がわからないので、いろ

いろな本や、いろんな人と話しをして、自分を見つけようと思っている。」（人文、21歳、女性）
- 「院にいきたいけれど、経済的な問題で（就職活動を）やります。……また、迷っている。相談できる人がいない。」（農学、23歳、女性）

「無活動・就職希望」は、①内定待ち、方向転換、②地元に帰りたい、③就きたい仕事の求人がない、④就きたい仕事のためにアルバイトから入職、⑤決められない、⑥やりたいことのためにアルバイトで資金稼ぎ、などに分けられた。

〈無活動・就職希望〉
- 「内定待ち、落ちたらまた来年受ける。」（芸術、24歳、男性）
- 「内定を頂いたのですが、自分のやりたいことに挑戦したいと思い、やめました。保育資格を取得して養護（児童）施設につきたいです。」（家政、22歳、女性）
- 「地元に帰りたいので、近々地元のハローハークに行こうと考えています。」（社会福祉、21歳、女性）
- 「自分が希望する施設（仕事内容、必要な資格など）がなかなかない。」（社会福祉、22歳、女性）
- 「企業で、人事面接を受け、アルバイトから働くことに決まった。特にその企業で働きたかったのでアルバイトからでも働こうと思った。」（工学、22歳、女性）
- 「今しているアルバイトで社員の人にキャリア社員の試験を受けないかと言われているので受けるつもり。今もリーダー手当をもらっていてやりがいがあるため。」（商・経、22歳、男性）
- 「就職活動に踏みきれずにいる。フリーターでもいいのでは？と思ってしまうこともあるし、海外留学をして専門性を深める勉強もしたいと思う。方向性が見えなくて、困っている。」（社会福祉、21歳、女性）
- 「アルバイトをして資金をためて、留学することを希望します。」（商・経、22歳、男性）

上述したように、現在活動をしていない大学生でも、はじめから就職活動すべてを放棄している学生は少なく、途中で撤退してしまったと見られる学生が多い。また現在も、「無活動・未定・迷っている」場合には就職したくないと考えているのではなく、立ちすくんでしまっている者も少なくない。そしてこの立ちすくみの状況は、卒業後に解消されるわけではなく、彼らの迷いは大学を離れた後も続いていく［小杉 2004］。したがって、彼ら彼女らが就職活動を継続できるようなサポートを効果的なタイミングで提供できていれば、内定に結びついていくことも考えられる。また「無活動・就職希望」の場合には多様な状況が挙げられており、就職活動に戻すことがもっともよい方法というわけではないが、何もしなくても就職ができるということはほぼありえないのであるから、まず活動を促すというのは彼らの安定した移行のために重要であると考えられる。

　彼らには活動を促されるソーシャル・ネットワークはあるのだろうか。そこで以下では、就学を希望する者を除き、就職を念頭に置いている学生に絞って、「正社員内定（内定有・就活終了）」、「内定なし・就職活動中（未内定・就活中）」、「無活動・就職希望」、「無活動・未定・迷っている」に着目し、彼ら彼女らのソーシャル・ネットワークの利用について見ていこう（図3）。ソーシャル・ネットワークの指標として用いるのは、「就職活動について悩んだ時、誰に相談しましたか」という問いであり、あてはまるものすべてにいくつでも〇をつけてもらっている。ソーシャル・ネットワークは、相談相手の人数や、相談相手として名前が挙げられた者の間の関係性がはかられることが多い。本稿は、ソーシャル・ネットワークにおいて所属大学の支援が学生にとってどのように働いているのかという問題意識があるため、大学の役割に着目しながら分析を進めていく。

　図3に、予定進路別の就職活動中の相談相手を示した。「正社員内定」者に比べると、未定者の相談は不活発であり、特に先輩や大学の先生・職員・カウンセラーに相談する割合が低い。内定は得られていないが、就職活動を続けている学生は、大学の先生・職員・カウンセラーに相談する割合は正社員内定者とそれほど変わらず、いずれ内定に結びつく可能性も高い。しかし現在就職活動を続けていない学生や迷っている学生は低くなっている。とりわけ迷っている学生においては、

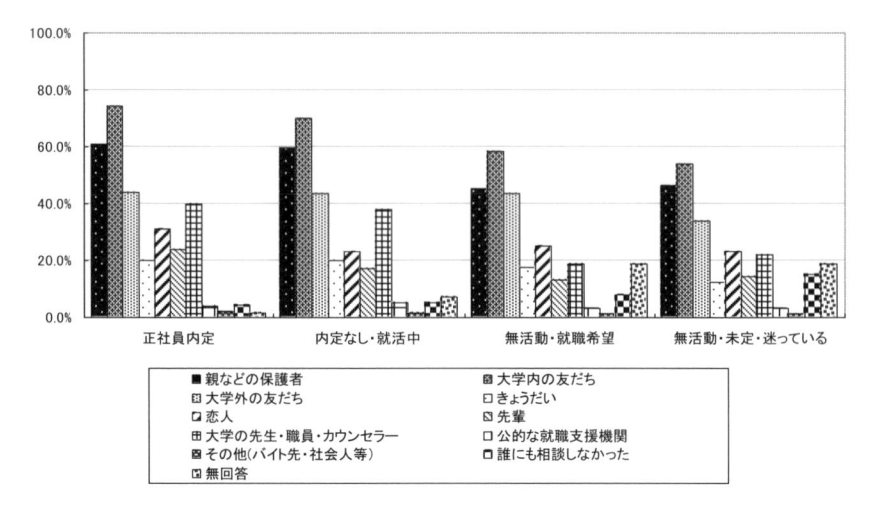

特集　若年者雇用マッチング・メカニズムの再検討

図3　予定進路別・就職活動中の相談相手（多重回答：%）

「誰にも相談しなかった」割合が高くなっており、迷っている学生が孤立する状況をうかがわせる。

　大学から見れば、大学を資源として活用できる学生は就職が決まりやすいということである。学生を大学に円滑に定着させ、活動中の孤立化を防止することは重要である。

　しかしこの設問は多重解答のため、個人のソーシャル・ネットワークのありようについては不明である。また大学ランクごとにも就職率は異なっているため、大学ランク上の位置とソーシャル・ネットワークのタイプとは分けて分析する。そのため次の分析として、個人ごとのソーシャル・ネットワークを抽出し、大学ランクごとに分析した。手順は以下のとおりである。まず公的機関やその他については割合が低いことから除いた。また選択肢の数が多いことから、支援の提供先によって分類することにした。保護者・兄弟は家庭という集団であるという意味で同一の集団に分けられ、また友達は同年齢の集団と見なすことができる。学校を通じて得られる支援として、先輩と、学校の先生・職員・相談員を分けて分析してみたが同様の傾向を示したため、同一の道筋と見なして一つに整理した。

大学生のソーシャル・ネットワークにおける大学の機能

表2 経路のチャンネル数

	数	正社員内定	内定なし・就活中	無活動・就職希望	無活動・未定・迷っている	計	N
私立A	0	75.6	17.1	2.4	4.9	100.0	41
	1	83.1	15.7	1.1	0.0	100.0	89
	2	83.9	10.7	4.0	1.3	100.0	224
	3	86.5	10.4	2.7	0.4	100.0	259
	4	82.7	11.8	1.8	3.6	100.0	110
	計	82.7	11.6	3.4	2.3	100.0	735
私立B	0	56.8	30.3	6.9	6.0	100.0	333
	1	67.1	26.1	5.3	1.6	100.0	833
	2	68.7	26.1	3.7	1.4	100.0	1587
	3	76.3	20.0	2.4	1.2	100.0	1443
	4	81.3	15.8	1.9	1.1	100.0	571
	計	68.3	22.3	6.2	3.2	100.0	4985
私立C	0	59.0	28.3	7.4	5.3	100.0	244
	1	63.9	27.9	5.1	3.1	100.0	513
	2	65.4	28.9	3.9	1.8	100.0	840
	3	65.1	29.4	4.2	1.3	100.0	744
	4	72.6	22.8	3.0	1.5	100.0	263
	計	61.8	26.7	7.1	4.3	100.0	2744
国立	0	54.9	33.1	8.5	3.5	100.0	142
	1	81.1	13.9	3.3	1.8	100.0	338
	2	84.3	12.0	3.2	0.5	100.0	626
	3	80.3	16.2	2.4	1.1	100.0	538
	4	78.3	17.7	2.4	1.6	100.0	249
	計	74.9	15.0	6.2	4.0	100.0	2,013
公立	0	66.7	23.3	10.0	0.0	100.0	60
	1	81.6	15.3	2.6	0.5	100.0	190
	2	81.9	13.0	3.7	1.4	100.0	353
	3	84.6	14.0	0.3	1.0	100.0	286
	4	84.8	12.4	1.9	1.0	100.0	105
	計	78.8	13.7	4.7	2.7	100.0	1,034

注) 無回答は省略した。

恋人は単独とした。

　経路の多様さを簡略に見るため、経路を足し合わせたものを**表2**に示した(なお、単純に相談相手数カテゴリーを足し合わせてみると、5つまでは多いほうが正社員内定率は高くなるが、6つ以上のカテゴリーの人数は少なくなる)。

　いずれにおいても、相談相手がない(経路数が0)は、正社員内定の割合は低くなっている。また国立、私立Aを除くと、経路が多いほど、内定率も高まって

私立Aは、1つ以上であれば正社員内定の割合はほとんど変わらず、支援の多様さによって、正社員内定割合が変化しているわけではない。私立Bは、1から2だと変わらないが、3以上だと内定の割合が高い。私立Cは経路が多いほど内定率が高まっているが、特に4つだと高い。国立は多いほど内定率が高まっているわけではなく、2がもっとも正社員内定割合が高い。公立は経路が多いほど、内定率も高まっている。

　私立Aおよび国立については、経路と正社員内定率の明確な関連は見られないが、私立B、C、公立ではいずれも差が見られ、経路数が多いほど正社員内定率は上昇するという関係が存在する。

　相談経路を計4つの経路から把握し、組み合わせのパターンを分類したが、パターンの数が多いため、以下の3つの類型に分類した。まったく相談相手のない孤立型、学校が相談相手として選ばれていれば学校型、学校は選ばれず、保護者や友達が相談相手の場合には友達・保護者型とした（パターン分類の詳細については、［労働政策研究・研修機構 2007］参照）。

　表3は、大学ランクごとにソーシャル・ネットワークのタイプを見たものである。国立がもっとも孤立型の割合が高く、私立C、私立Bの順に高い。また学校型の割合は、私立Aが最も高く、私立C、私立Bと続いている。

　こうした傾向は、**表4**から読み取れるように、国公立よりも私立大学のほうが就職支援組織体制を整えていることが反映されていると考えられる。しかしながら私立Cはかなりの金額を就職支援に割いているにもかかわらず、孤立型の割合

表3　大学ランクとソーシャル・ネットワークのタイプ

	孤立型	学校型	友達・保護者型	合計	N
私立A	6.3	56.5	37.2	100.0	1,117
私立B	7.3	49.8	42.9	100.0	6,720
私立C	9.2	51.0	39.8	100.0	3,552
国立	10.0	44.1	45.9	100.0	2,889
公立	7.0	47.7	45.3	100.0	1,348
合計	8.1	49.4	42.4	100.0	15,928

注）無回答は省略した。

表4 大学ランクと就職支援組織(平均)

	卒業者100人当たり担当専任職員(人)	卒業者100人当たり担当兼任職員(人)	卒業者100人当たり担当教員(人)	卒業者100人当たり常勤職員(人)	卒業者100人当たり経費(万円)
私大A	0.6	0.1	0.3	0.6	126.9
私大B	1.0	0.2	0.4	0.9	258.5
私大C	1.5	0.3	1.1	1.5	315.8
国公立	0.4	0.3	0.4	0.5	99.4
合 計	1.0	0.3	0.6	1.0	221.9

は決して低くないということも同時に読み取ることができる。この点については後述する。

　それではどのタイプが正社員内定に効果を持っているのだろうか。表5は、大学ランクごとにソーシャル・ネットワークの類型と進路について示したものであ

表5 ソーシャル・ネットワークの類型と進路(%)

	類型	合計	正社員内定	内定なし・就活中	無活動・就職希望	無活動・未定・迷っている	N
私立 57〜	孤立型	100.0	75.6	17.1	2.4	4.9	41
	学校型	100.0	84.4	12.4	1.9	1.2	411
	友達・保護者型	100.0	84.9	10.0	4.1	1.1	271
	合計	100.0	82.7	11.6	3.4	2.3	735
私立 46〜56	孤立型	100.0	56.8	30.3	6.9	6.0	333
	学校型	100.0	76.0	20.4	2.5	1.1	2,284
	友達・保護者型	100.0	68.8	25.3	4.2	1.7	2,150
	合計	100.0	68.3	22.3	6.2	3.2	4,985
私立 〜45	孤立型	100.0	59.0	28.3	7.4	5.3	244
	学校型	100.0	67.4	28.0	3.1	1.4	1,327
	友達・保護者型	100.0	63.6	28.4	5.5	2.5	1,033
	合計	100.0	61.8	26.7	7.1	4.3	2,744
国立	孤立型	100.0	54.9	33.1	8.5	3.5	142
	学校型	100.0	80.3	15.9	2.8	1.0	828
	友達・保護者型	100.0	82.8	13.1	2.9	1.2	923
	合計	100.0	74.9	15.0	6.2	4.0	2013
公立	孤立型	100.0	66.7	23.3	10.0	0.0	60
	学校型	100.0	83.8	13.9	1.1	1.3	476
	友達・保護者型	100.0	82.1	13.5	3.5	0.9	458
	合計	100.0	78.8	13.7	4.7	2.7	1,034

注)無回答は省略した。

特集　若年者雇用マッチング・メカニズムの再検討

る。

　孤立型はどのランクでももっとも正社員内定率が低いが、私立A、国立、公立は、学校型と友達・保護者型が拮抗している。私立Bと私立Cは、学校型がもっとも正社員内定率が高い。したがって、私立Bおよび私立Cのような選抜性の低い大学において、学校型の支援は正社員内定獲得に重要な影響を持っていると言えよう。これは**表3**で示されたように、孤立型の割合が高い私立Cにおいてもっとも学校型のソーシャル・ネットワークの効果が高いことを意味している。私立Cにおいて大学の支援に力が入れられているのは合理的なのである。

　以下では、ソーシャル・ネットワークの効果がもっともはっきり出ている私立Cの大学生について、大学と保護者とのかかわりを多面的に検討しよう。

　彼らは大学とどのようなかかわりを持っていたのだろうか、生活面について尋ねた。大学時代、熱心に行ったことを尋ねてみると、私立Cにおいては（**図4**）、孤立型はクラブ・サークルや友達や恋人とのつきあいで、学校型や友達・保護者型との差が大きい。孤立型はアルバイトでは他の2つの類型と同程度を示しているものの、大学生活へのコミットメントが弱いことがわかる。

　また、今回の調査では社会階層に関する変数を質問項目に盛り込むことができていないが、保護者とのかかわりについて尋ねている（**図5**）。「私の親や保護者

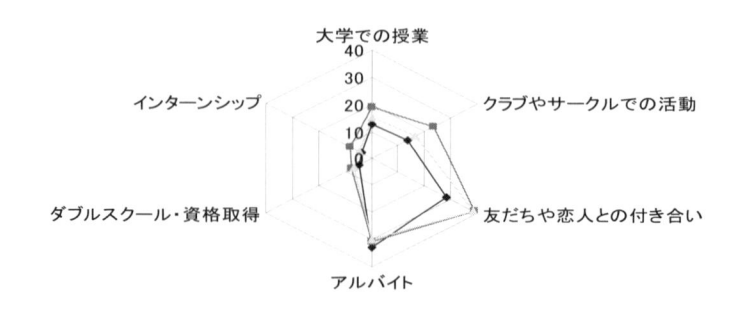

図4　大学時代、熱心に行ったこと（私立C）

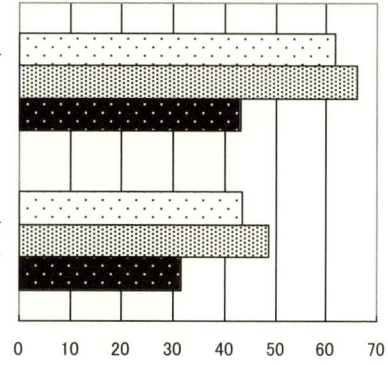

図5 保護者とのかかわり（私立C）

は、進路や就職先について具体的に意見や希望を言うことがよくある」、「就職活動にかかるお金（リクルートスーツ代、交通費など）を保護者に援助してもらった」の2つの項目について、「よくあてはまる」「まああてはまる」と答えた割合について示した。孤立型は、保護者が相談相手にならなかっただけでなく、就職についての保護者とのコミュニケーションが少なく、経済的な援助も他の大学生に比べて少なかったことがうかがえる。家庭での孤立を学校が防げればよいのだが、大学の補完機能は十分に働いていないのである。

では「孤立」していく若者層について、大学はどのように認識しているのか。大学就職担当職員のインタビューからは、就職部・キャリアセンターに来ない学生層にいかに働きかけるかが課題となっていると語られている。就職部・キャリアセンターに来れば、就職できるケースは少なくないのだが、彼らはやってこないのだと言う。

「我々とコンタクトを取ればほとんどうまくいきますよ、100％近く。」（中部・私立ｇ）。
「やはり一人ひとりをケアする体制をつくっていかないと難しいというとこ

ろがひとつの結論だと思うんですけれども、全然知らない人間からいくらメールが来ても、電話が来ても、響かない層というのはやっぱりいると思うんですよね。そういうときに、<u>例えば高校生であれば高校の担任の先生というのがいて、毎日顔つき合わせて、そういう相談とかにものれる体制ができているわけじゃないですか。大学の場合は、そういう体制までは全員ができているわけではないというところが事実としてありまして。</u>」(関東・私立 e)

　高校のような支援が望ましいが大学ではできていないという語りには、自分でソーシャル・ネットワークを活用して就職していくという学生像はもはや見られない。「学校が与え、課すものを依存的、他律的にこなす存在になってきている」という、就職活動における大学生の「生徒化」［伊藤 2002］を肯定するような発言と言える。「孤立化」を問題とし、広く支援の網をかけようとする視点は他方でパターナリスティックの強まりを意味しており、支援が学生の成長の可能性を制限してしまう可能性と表裏一体である。この点については次節で述べる。

4．知見と課題

　本稿は、大学生の就職マッチングにおける分化の契機であるソーシャル・ネットワークのありようと就職との関連について検討を加えた。
　第一に、四年生の秋の時点で進路が決まらないが活動をしていない大学生は、はじめからまったく活動をしていないのではなく、わずかな活動ののち、決まらないまま就職活動から撤退してしまった者が多く見られる。いったんは就職活動に着手しているということから、どこかに支援のチャンスがあったことがうかがえる。
　第二に、私立Ａ、国立を除き、相談チャンネル数が多いほど、また大学を相談相手としている割合が高いほど、正社員の内定を獲得しやすい
　第三に、私立Ｃや国公立において「孤立型」のソーシャル・ネットワークタイプの割合が高い。国公立は就職支援組織に力を入れていないため当然の結果とも言えるが、私立Ｃは他の大学ランクに比して、職員数も予算も投入している。それにもかかわらず、学生が「孤立化」してしまっている傾向が見られる。また大

学ランクが低い学生のソーシャル・ネットワークのタイプを見ると、「孤立型」は学生生活になじめておらず、保護者とのかかわりも小さく、一貫して孤立していることがうかがえる。また大学ランクが低い学生のソーシャル・ネットワークのタイプを見ると、「孤立型」は学生生活になじめておらず、保護者とのかかわりも小さく、一貫して孤立していることがうかがえる。

しかしながら第四に、私立Cなど選抜性が低い大学で、ソーシャル・ネットワークにおける大学就職支援の正社員内定に対する効果が高くなっている。

以上の知見を敷衍しよう。

本稿の知見によれば、ソーシャル・ネットワークの中に大学が含まれていることは、よりよい移行に結びついていた。すなわち大学の支援は移行の「個人化・個別化」を押しとどめる装置として機能していることもうかがえた。

しかし以前のように就職部に対して多くの求人が寄せられているわけでもないのにもかかわらず、なぜ今でも大学が重要なのだろうか。これは大学が彼ら彼女らのソーシャル・ネットワークの中では、同年代の友達や保護者とは異なり、「異質」な存在であるからだと考えられる。

例えば企業が学生に求める能力としてコミュニケーション能力が常に上位に上がってくるが、普段なじんでいる人々とのコミュニケーションと、自分とは違う世界に生きている人々とのコミュニケーションはあたりまえながら異なる。また就職活動は自己分析にはじまると言われる。就職活動では自分のことを知らない人に自分を説明しなくてはならないからである。こうした時には、普段接している保護者や友達ではない「他人の目」で見てもらうことが必要である。大学の支援は「他人の目」としての機能を持てるのである。

Waltherらはドイツにおける移行の危機にある若者へのインタビュー調査から、「同質性」の高いネットワークは「自我形成を補強すると同時に、ネットワークの範囲を狭める」が、「異質性」の高いネットワークは「日常生活を超えて拡張し、出自からの出口になりうる」と指摘する。Waltherらの指摘はヨーロッパにおける階層を強く意識したものであり、日本の大学生にそのまま適用できるわけではない。しかし保護者や友達などの「同質的」なソーシャル・ネットワークではなく、「異質性」をもたらす契機となる大学の支援は、彼ら彼女らの就職活動にプラス

となるという点で可能性を広げていると解釈できるのではないだろうか。
　特に、相対的にマージナルな大学の学生のソーシャル・ネットワークにおいて大学が重要であるということは示唆的であるように思われる。選抜性の高い大学には全国から多様な学生が集まり、様々な出会いがあるだろう。しかしマージナルな大学は地元の出身者が多く、高校までの人間関係からあまり広がらないままとどまっていると推察される。彼らのソーシャル・ネットワークはおそらくはかなり同質的なものであるがゆえに、大学という支援機関の持つ「異質性」が有効になると考えられる。
　第二に、本稿は大学生の就職の際のソーシャル・ネットワークにおいて、大学がどのような役割を果たすことが安定した移行に結びつきやすいかということについて検討し、マージナルな大学群で大学の効果が大きいという知見を得た。しかし大学の就職支援を強めていくことがある種のジレンマを招くということにも敏感になるべきであると考える。
　すなわち前節で述べたように、大学就職支援を強化することは同時に大学生の「主体性」を減じ、就職におけるパターナリズム paternalism を進行させる可能性がある。この原因であり結果が学生の「生徒化」であろう。大学卒業時は移行のフォーカル・ポイントであり、まずは卒業時に正社員になるということはまちがいなく重要である。仲正 [2003] の自己決定に基づく「選択」を支えるパターナリズムがありうるという指摘は、結局のところパターナリズムの範囲をどこに設定していくかという問題であることを示しているのであろう。
　しかしマージナルな大学の中には、民間企業を利用し、大学が就職先と学生をマッチングする取り組みがはじまっている大学も存在するという。自校学生が自ら進路を切り開いていくことは難しいとの認識によるものだが、この事例はかなり強いパターナリズムと解釈できよう。あたかも高卒就職を髣髴とさせるこれらの取り組みは、移行の「自己責任」を緩和するように働くのだろうか。それともかえって若者の「自律」や「成長」の機会を奪うのだろうか。実はこうしたジレンマは大学生への就職支援だけでなく、若者への移行支援の本質に根ざしたものである。このジレンマをどのように受け止めていくのか、重要な議論が残されている。

※本稿は、堀有喜衣「大学生の就職・キャリア形成支援の現状と課題」小杉礼子編『大学生の就職とキャリア』勁草書房を、大幅に加筆・訂正したものである。

〔注〕
(1) 沖田［2004］はソーシャル・ネットワークを「多くの人々が関連しあいながら網目状に存在する、若者の日々の生活の場／生活世界」と定義している。
(2) 設置者と入学難易度により類型化した。国立、公立、私立Ａ（偏差値57以上）、私立Ｂ（偏差値46～56）、私立Ｃ（偏差値45以下）。偏差値は、代々木ゼミナールの社会科学系の偏差値ランキングに基づく。私立Ａはこれまで対象となってきた大学とほぼ一致する銘柄大学である。ただし、異なる学部を持つ大学においても、社会科学系によって大学の選抜性を分類しているため、大学ごとの分断的選抜を詳細に検討するものではないが、大まかな把握は可能である。

〔引用・参考文献〕
安達智子 2004、「大学生のキャリア選択―その心理的背景と支援」『日本労働研究雑誌』No.533。
ビガード、ファーロング・カーメル（住政次郎訳） 2004、「複雑化する若年層の移行プロセスをめぐる再考察：線形モデルと労働市場の変容①」『教育』12月号。
―――（住政次郎訳） 2005、「複雑化する若年層の移行プロセスをめぐる再考察：線形モデルと労働市場の変容②」『教育』2月号。
平沢和司・濱中義隆 2008、「『失われた世代』の大卒就職」日本教育社会学会第60回大会発表資料。
堀有喜衣 2004、「無業の若者のソーシャル・ネットワークの実態と支援の課題」『日本労働研究雑誌』No.533。
堀有喜衣編著 2007、『フリーターに滞留する若者たち』勁草書房。
居神浩ほか 2005、『大卒フリーター問題を考える』ミネルヴァ書房。
苅谷剛彦 1995、『大学から職業へ―大学生の就職活動と格差形成に関する調査研究』広島大学大学教育研究センター。
小杉礼子編著 2005、『フリーターとニート』勁草書房。
久木元真吾 2006、「若者のソーシャル・ネットワークと就業・意識」『大都市の若者の就業行動と移行過程』労働政策研究報告書、No.72。
沖田敏恵 2004、「ソーシャル・ネットワークと移行」労働政策研究・研修機構『移行の危機にある若者の実像』（労働政策研究報告書、No.6）。
労働政策研究・研修機構 2005、『若者就業支援の現状と課題』（労働政策研究報告書、No.135）。
労働政策研究・研修機構 2006、『大学生の就職・募集採用活動等実態調査結果Ⅱ』JILPT調査シリーズ、No.17。

労働政策研究・研修機構 2007、『大学生と就職』(労働政策研究報告書、No.78)。
蔡芢鋳・守島基博 2002、「転職支援システムとしての公的職業紹介機能」『日本労働研究雑誌』No.506。
上西充子 2006、『大学におけるキャリア支援・キャリア教育に関する調査報告書』法政大学大学院経営学研究科キャリアデザイン学専攻調査委員会。
上西充子編著 2007、『大学のキャリア支援―実践事例と省察―』経営書院。
Walther, Andreas, Barbara Stauber & Axel Pohl（平塚眞樹抄訳）2006、「若者の移行期をめぐるインフォーマルなネットワーク」『教育』3月号。
渡辺深（1991）「転職―転職結果に及ぼすネットワークの効果」『社会学評論』42巻1号。

ハローワークにおける学卒者への雇用政策の展開と現場で感じる問題点

後藤　龍一
(全労働省労働組合北海道支部)

　私からは、1. 若年者に対する国の施策、2. 学卒者を中心とした道内におけるハローワークの施策の展開(具体的対応)、3. 学卒者の職業紹介を担当したハローワークの職員として、若年者の就職を巡って現場で感じた問題点をいくつか発表したいと思います。

1. 若年者に対する国の施策

　厚生労働省の呼びかけで、少子化社会におけるニートやフリーターの増加等若年者雇用問題の解決に向け、経済界、労働界、教育界、地域社会、政府等の関係者により、「若者の人間力を高めるための国民会議」が発足しました。

　会議では、若者の自立を助けることを目的として、若者が人間力を高め、自立することが可能な社会の在り方、その実現のために関係者が果たすべき役割等、若年者雇用問題全般について議論を行うとともに、若者の人間力を高めるための国民運動推進の基本指針を策定し、広く国民各層に向けた情報発信を図るとともに各省庁の施策に反映することとしました。

　また、これに先立って政府がまとめた「若者自立・挑戦プラン」を実効あるもの、効果的・効率的な実施を図るものとして「若者の自立・挑戦のためのアクションプラン」が策定され、会議で産業界を始めとする各界の協力を得て実施できることとなり、既存の制度とあわせて下記の5つをポイントに国として事業を推進しているところです。

　①学校段階からのキャリア教育の推進、およびそのための地域レベルの連携の

強化

厚生労働省

- 職業意識形成支援事業の推進（働くことの意義等を生徒に理解させることを目的として、企業で実際に働くことを体験するインターンシップ事業の受け入れ企業の開拓、企業人の講師としての派遣、体験学習中の損害保険適用）
- ジョブパスポート事業の推進（ボランティアやインターンシップ、アルバイト体験などの記録を通じて、自分の興味や強み、職業の適性の理解を進めるとともに、「社会体験経歴書」として就職活動にも役立つ便利なツールとして利用の促進と地域における協力企業の開拓等支援システムの確立）

②働く意欲が不十分な若年者やニートと呼ばれる無業者などへの総合的対策の推進

厚生労働省

- 若者自立塾（合宿形式で集団生活を行うとともに職場体験やワークショップを行い、参加者が生活訓練と職業体験を通して就職を目指すニート支援のための助成事業）
- ヤングジョブスポット（主に就職に関する様々な情報や相談を受け付けインターネット、新聞・雑誌、初歩的なパソコン講習などを無料で利用できる他、職場見学、企業家などの講演を行う施設）
- 就職基礎能力速成講座（若年者の企業等への就職に関して特に重視される、職業人意識・職場におけるコミュニケーション能力・基礎的なビジネスマナーといった就職に必要な基礎能力の修得と早期の就職を目指す無料講座）
- フリーター常用就職支援事業（専任職員によるマンツーマンの相談、助言、個別求人開拓、職業紹介、職場定着促進指導、就職支援セミナー、求職者同士のグループワーク、合同選考会の開催等）

③企業内人材育成の活性化の促進と、産業人材の育成・強化
　厚生労働省
　・トライアル雇用（職業経験が十分でない若者を最大三ヶ月の試用期間を設けて雇用し、企業側と労働者側が相互に適性を判断した後、両者が合意すれば本採用が決まるという制度）
　・就職基礎能力速成講座（若年者の企業等への就職に関して特に重視される、職業人意識・職場におけるコミュニケーション能力・基礎的なビジネスマナーといった就職に必要な基礎能力の修得と早期の就職を目指す無料講座）
　・民間委託による実践的職業訓練の拡大（訓練科目、実施機関、実施時期の拡大）

④ジョブカフェ（若者のためのワンストップサービスセンター）、日本版デュアルシステム（職業能力開発校、専門高校、専門学校等において、職業スキルと実践能力を身につけた職業人を育てることを目的として、学校などでの座学と企業での実習を一体にした人材育成システム）等の推進と、事業効果の向上
　厚生労働省
　・ジョブカフェの運営支援（ハローワークの隣接等）
　・若年者版キャリア交流プラザ（支援の必要性が高い若年求職者を対象に、求職活動に有用な知識などの付与、経験交流、キャリアコンサルティング等職業紹介事業を含む一連の幅広い就職支援に関わる事業を集中的に実施して、民間事業者等の創意工夫が最大限発揮されるよう「公設民営方式」を前提にこれらの者の再就職の促進を図る）
　・デュアルシステムの推進
　　※「日本版デュアルシステム」のお手本は、ドイツの「デュアルシステム」制度です。ドイツの「デュアルシステム」は、中学校卒業以上の若者を対象に、週3日は企業で職業訓練、週2日は職業学校で普通教育や専門教育を行う、実績ある職業訓練制度です。

訓練期間は約3年。訓練期間修了後、修了試験を受け、合格すると専門技能者として職業資格が得られます。

ドイツでは、若者の6〜7割がこのデュアルシステムを経験し、訓練生の約半数が訓練を重ねた企業に就職しています。

⑤若者問題について国民的な関心を喚起するとともに、国民各層が一体となった取り組み推進のための広報活動の実施、若者フォーラムの開催
厚生労働省
・各事業の若年者、企業への広報、案内、依頼

2. ハローワークにおける学卒者の就職に向けた事業の展開

ここでは学卒者を中心とした若年者の就職に向けた事業の展開を、滝川所および道内での具体的対応を例として説明したいと思います。

求人開拓・求人指導 → 地域における企業等への採用意向アンケート、学卒者の採用にかかる訪問要請意見交換・文書依頼、地域における初任給等情報の提供、求人受理・公開の時期の統一と各種労働法令に則した求人となるよう指導

求人情報等の提供 → インターネットによる高校生以上の学卒求人情報の提供（システム化済。高校生は学校でのみ閲覧可能。学生は学生職業総合支援センターのHP（http://job.gakusei.go.jp）から、ネット上の登録で誰でも利用可能）

求職者情報の提供 → 就職希望者へのアンケートの実施、公開を希望する者を対象とした求職者情報の作成、企業に対してアンケート結果と求職者情報の提供

インターンシップ事業の推進 → 職業意識形成支援事業の推進として、自治体・学校・企業団体と推進会議の実施、就業体験受入企業の開拓、学校等への企業人やハローワーク職員等の講師派遣、体験学習中の損害賠償保険の適用

ジョブパスポート事業の推進 → 学校における利用の拡大と企業や企業団体等の地域における協力の要請

職業相談（訪問相談等）の実施 → 職員や若年者ジョブサポーターによる、

管内の希望する学校・生徒へ、学校へ訪問してまたはハローワークへ来所していただいての職業相談

　集団面接会の開催　→　学卒者、若年者を対象とした集団説明会・面接会・相談会の開催

　職業講和・セミナー等の実施　→　生徒・保護者に対する職業講話（国内・地域における学卒者の雇用状況、進路選択にあたって大切なこと、企業が望むこと等）、履歴書の書き方・面接の受け方等を職員または民間企業に委託しての実施

　定着促進指導　→　定着率調査、多数採用事業所や希望企業へ訪問しての実態調査・相談指導

　日本版デュアルシステムの推進　→　旭川工業高校において専門高校等における日本版デュアルシステムとして実施（詳細は学校HPにて http://www.asahikawakougyou.hokkaido-c.ed.jp/z/dual/）。実施にあたり企業等へ受け入れの要請。（札幌・函館・旭川・帯広・釧路）

　ジョブカフェの運営支援　→　ジョブカフェ北海道（北海道若年者就職支援センター）

3. 学卒者の職業相談・就職支援で感じる問題点

　ここでは学卒者や若年者の就職を進めるために、私が相談等で感じた問題点と思われることをいくつかお話したいと思います。ただし、すべての若者ということではなく、卒業までに就職できない全体の2割程度の高校生を中心に感じたことがベースにあり、すべての若年者等に当てはまるものではないことをご了承願います。

　また、参考として政府や「若者の人間力を高めるための国民会議」が問題視していたことも再確認したいと思います。

①若年者は他の世代に比べ求人が多いにもかかわらず、失業率が高い。
②卒業後3年以内に離職する若者が多い（いわゆる「七五三」）。
③フリーターは217万人であり、年10万人のペースで増加。

ニートは64万人であり近年では後期若年層（25～34歳）で増加が大きい。
④フリーターの既婚率は、男性は非フリーターの2割、女性は5割と大幅に低い。
フリーターの4割強が親・兄弟等の経済的援助を受けている。

就職できない若者を担当して感じる問題点は、主に次の4点に集約されると思います。これは、若者、保護者、行政、企業のそれぞれに長期的な視点が欠如していたことが原因と私は考えます。

(1) 自分が社会に出る、働くということを想像「しない」「したくない」若者

一般的に、自分の進める最終の学校を卒業するまでに、自分が社会人として何をしていくのか「決断」をしなければならないと考えますが、これができていない若者が増えているのではないかと感じます。

例えば、卒業間際に相談のため来所するケースで、どのような職業に就きたいかを自分から言えないケースも多く、ハローワークとして職業適性検査や将来の生活に対する希望を踏まえた相談を進めるのですが、在学中にそのようなことを真剣に考えてこなかったことの影響の大きさを理解しておらず、大きな問題と考えます。

また、自分の卒業してきた職業高校や専門学校等での専攻にまったく関係のない職業を選択するケースもあり、本人が選択し得る限界を在学中に理解してこなかったことも問題であり、なぜその学校を選択するのか進学を含めた長期的な視点での将来像を本人に考え選択させることの必要を感じます。

過去には、学卒者や若年者に対する求人倍率が高く、本人の準備不足を企業を始めとする社会が許容してきた面もあったと思いますが、今は後述する企業の姿勢もあって、このような若者が許容され難い社会になっていると判断します。

国もインターンシップ事業等の職業意識形成支援事業の推進や、中学・高校で職業高校を中心に「社会に出ること」「職業に就くこと」を意識したカリキュラムを導入しておりますが、私が学卒者を担当した時期には、職業高校や一部の学校を中心とした導入に留まっており、すべての若者が将来の自分や家庭を意識して進学・就職を考える授業も必要と考えます。

(2)「保護者として子供にできること」等を保護者が子供と語らないこと、「保護者が子供を手放さない」ことの影響

　高校生の相談では、未成年者の就職ということもあり、保護者の考えを子供から確認するのですが、「自分のやりたいことをやっていいのよ」ということを言われる程度で、それ以外は特に言われていない高校生が多いことを感じます。

　中には、「自分のやりたいことをやっていいのよ」と言われていたから専門学校への進学を考えていたのに、応募間際になって「進学に必要なお金が無い」と言われ、急遽、相談に来られたケースもありました。

　また、ハローワークの窓口に保護者同伴で相談に来る若者もいますが、中には本人が相談をするのではなく、保護者が保護者の考えを述べるだけで、本人は自分の考えを言えないケースも多く、本人が自分の将来を真剣に考えないことを是認することや、本人の希望に沿わない就職を進めることにつながっているのではないかと感じることもあります。

　保護者の方には金銭的支援の限界等は早期に子供に示してほしいですし、賃金的に親との同居を選択せざるを得ない就職も増えている中ですが、本人の希望が地域内ではかなわないケースも多いので、本人の可能性や適性に基づいて長期的な視点で広く就職先を選択できるよう、移転にかかる費用や当面の生活費の支援は一定考えていただきたいと思います。

(3) 行政の組織ごとに縦割りで事業を進めることの影響

　インターンシップ事業等の職業意識形成支援事業は、厚生労働省、文部科学省、経済産業省、それぞれで予算が組まれ実施されていますが、例えば職業体験学習中の損害賠償保険は、高校では主にハローワークを通じて保険料が負担され、中学では主に都道府県の教育委員会を通じて保険料が負担されている面があり、役割分担や事務処理上の手続きが統一されていないことや予算が少なくすべての学校で利用できないことなどから、広く周知し難い面があります。

　本来、各界が協力して国として事業を推進していくということなのですから、中央だけでなく地域レベルで各界の協力を進め、広く周知できるよう、また、効

率的に事業が推進できるよう、役割を分担し、事務処理上の手続きを一本化し、必要な予算を確保することが必要と考えます。

(4) 企業内部における若年者の人材育成能力の低下

バブル崩壊後、企業では人件費の圧縮で競争力を高めてきた経緯があり、その結果として「キャリア」や「経験者」が求められ、若年者の雇用が急激に減少した状況にあります。

また、同じ理由で非正規型雇用の拡大が図られ正規社員の募集が減ったことから、結果として「キャリア」や「経験」の無い若年者が非正規型雇用の職に就かざるを得ない状況にあると考えます。

このような状況が長期間にわたって続いたことから、特に規模の小さな企業ほど、年齢構成のバランスを取れないことで若年者とのコミュニケーション能力が失われ、独自の技術や労働力を維持・育成していくことが困難になっていると思われます。

地方では、高齢者ばかりで将来的な労働力を維持できず、事業所を廃止したケースもあります。

若年者が大きく減少していく中で、また、非正規雇用の経験しかない若年者が増える中で、企業が自社で人材を育成する必要はますます高まると私は考えます。

私は以上の問題は下記のような1つのエンジンとなって、若年者やその上の世代にまで問題を拡大しているのではないかと考えます。

「好きなことをやっていいのよ」と言う保護者＋「社会に出たくない」若者、「自分のやりたいことがわからない」若者、「やってみたいが手段がわからない、選択できない」若者、「生活のためとりあえず」働く若者＋「キャリア」や「経験者」の採用を求め、非正規型雇用の拡大を図る企業
　　↓
労働市場では、それぞれのニーズが重なり、若年者の非正規型雇用の拡大を加速

・企業が望むキャリアを持つ労働者の減少
・自己の労働では自分の生活もままならない労働者の増加
・応募しても自分が認められないため（採用されないため）社会に出たくない若者の増加。企業では、社会の変化が大きく組織として対応できず、本人の自助努力や社会への期待し、企業の人材を育成する能力を破綻または低下
・年齢構成上バランスを維持できず職場における若年者とのコミュニケーション能力を逸失
・若年者のキャリア不足や若年者が短期間に離職を繰り返すことにより、若年者が生活できる賃金を支払う能力を逸失
・自分で選択する（させる）ことの必要
・実際に体験する（できる）ことの必要
・若者と同じ位置から考え導く存在の必要があるいるのに問題解決に導く「大人」の不在と、必要な情報の提供や個々の相談にあたる人間を支援する仕組みが不十分な行政各機関（役割分担の欠如、連携不足）

　　　↓

・進学と進路・就職のミスマッチを発生させ、未就職者や早期退職者の増加に影響
・若年者雇用問題を拡大・加速

　以上の問題とあわせて、今後、団塊の世代のリタイアや少子高齢化の中で労働力人口の減少が加速する中、国は長期的な視点でどのような政策を重視すべきかが課題となりますが、下記の課題についてももっと議論が必要と考えます。

・世代間の格差を、どのように解消していくべきか？（働き盛り世代に進むキャリアの不足、自らの収入では生活できない者の増加、団塊世代等高齢者雇用とのバランス）
・地域間の格差を、どのように解消していくべきか？（地方で進む若年者の不在の影響、若年者等の支援機関・支援措置の都市部への集中）

・保護者の経済力からくる格差を、どのように解消していくべきか？（保護者の問題で学歴や資格の取得等で進学したくても進学できない者等教育費の負担の問題）

おわりに

ハローワークでは先にお話したように、地域の中で事業を推進しようと職員が一生懸命取り組んでいます。

しかし、近年、「推進する」という方針と裏腹に事業予算や定員が削減されており、地域の中で実施したくとも実施できないという状況も発生しております。

今後とも、若年者の就職のため、先にお話した問題の解決に向けて、皆様にもご協力をいただければと思います。今後ともよろしくお願いいたします。

投稿論文

1 公的部門における感情労働　　　　　　　　　　小村　由香
　　──生活保護ケースワーカーを事例に──

2 ノンエリート階層のキャリア意識に関する
　一考察　　　　　　　　　　　　　　　　　　　中嶌　　剛
　　──初級公務員試験の失敗経験がもたらす影響──

3 〈利用者の死に対処する〉ということ　　　　　　三橋　弘次
　　──命をめぐる介護職経験の社会学的考察──

公的部門における感情労働
―― 生活保護ケースワーカーを事例に ――

小村　由香
(㈳日本看護協会)

はじめに

　厚生労働省の「平成17年度　社会福祉行政業務報告」によると、平成17年度の1か月平均の「被保護世帯数」は100万世帯を超え(1,041,508世帯、前年度比4.3%増加)、「被保護実人員」は147万5,838人(前年度比3.7%増加)に達し、その後も増加の一途をたどっている(平成19年度の1か月平均の「被保護世帯数」は110万世帯を超えた)。その内訳をみると、単身高齢者世帯が最も多く、次いで障害者・傷病者世帯となっているが、母子家庭、アルコール依存症や精神障害者世帯など、複雑な生活問題を抱えて生活保護を受給するケースの割合も次第に大きくなっている。こうした状況をうけて、2005年4月からは各地方自治体、福祉事務所ごとに「自立支援プログラム」が導入され、個々の被保護者に則した「個別支援プログラム」を定め、必要な支援を組織的に取り組むことになった。[1]このことは生活保護制度が単なる経済給付にとどまらず、相談援助機能への期待が高まっていることの証左であり、まさに「利用者に直接援助を提供している公的扶助ケースワーカーのサービスの質の問題が、今日厳しく問われている」[茨木　1995：231] のである。

　生活保護ケースワーカーが行う自立助長のための相談・支援業務は、三井さよによるケアの定義、すなわち「他者(ここでは、生活保護の申請者あるいは被保護者：筆者)の「生」を支えようとする働きかけの総称」[三井　2004：2] に依拠すれば、ケア労働とみなすことができるだろう。本稿でも、生活保護ケースワーカーが担う公的扶助労働をケア労働の1つとして位置づける。こうしたケア労働においては、しばしばA.R.ホックシールドが「感情労働」[2]と名づけた労働者自身

の感情管理が要請される。ここで問題となるのは、感情労働が労働者に燃え尽きや精神的負荷をもたらすリスクをはらんでいることである。実際に、生活保護ケースワーカーのなかでも、精神的疲弊により体調を崩して休職したり、職場を異動したりする者も少なくない。

本稿では、こうした状況をふまえ、筆者が行った生活保護ケースワーカーへの質問紙調査および聞き取り調査をもとに、職務遂行のなかで要請される感情管理の様態とそれによって生じる困難への方途について検討する。

1. 調査概要

本稿で使用する調査データは、①2005年11月に開催された第38回公的扶助研究会全国セミナーにて配布・回収した質問紙調査（有効回答133ケース）と、②前述の質問紙調査で協力を申し出たケースワーカーと、筆者がこれまでに行ったインタビュー調査のインフォーマント（2003年8月～12月10名）による紹介（スノーボールサンプリング）による10名のケースワーカーへのインタビュー調査によって得られたものである。

質問紙調査の回答者133名の基本属性は、男性68名、女性32名、年齢は20代が3割、30代が4割、50代が1割（無回答2割）、平均勤続年数は11.5年であるが、生活保護ケースワーカー歴でみると1～16年目まで分布し、平均すると3.6年であった。

聞き取り調査のインフォーマント10名の基本属性は、男性4名、女性6名、年齢は20代から50代、生活保護ケースワーカー歴も2年目から20年以上のベテランまでいる。聞き取り調査は首都圏を中心に、関西、九州地方で実施した。聞き取り調査では、配属の経緯、職務の習得、職務上の困難とやりがい、印象に残る被保護者や仕事でのエピソードなどを中心に、日々の仕事のなかで感じていることなどについて、自由に話して頂く半構造化したインタビュー形式をとった。聞き取りは1人あたり2時間から4時間を要した。

2. 生活保護ケースワーカーの仕事は「究極のサービス業」

（1）生活保護ケースワーカーだけにはなりたくない

わが国の生活保護制度は、憲法第25条に基づき、生活に現に困窮している国

民に、その困窮の程度に応じて必要な保護を行い、その最低限度の生活を保障するとともに、その自立を助長することを目的としている。この制度を適用するにあたり、生活保護の決定・実施に必要な調査の実施、保護の要否や保護の種類・程度等の決定、保護開始後はその世帯の生活の立て直しのための計画（処遇方針）を立案し、自立援助を行っているのが、生活保護ケースワーカー[6]（以下、ケースワーカーと略記）である。

ケースワーカーの業務は多岐にわたっている。新保美香によれば、「事務所に訪問する要保護者の対応（面接）、病院探し、住民や家主からの苦情への対応、病院の付き添い、救急車での病院搬送の付き添い、ゴミ捨て、アパート探しの同行、買い物、支払いへの同行、服薬確認、おむつ交換、被保護者の入院等によって飼い主を失ったペットの保護、害虫駆除、ときには被保護者の死亡確認」まで、「人間の生活のあらゆる部分にかかわる」という［新保 1999：23］[7]。大学卒業後、入庁と同時にケースワーカーとして働き始めたワーカー歴2年目のOさん（女性・20代）は、こうしたケースワーカーの仕事を「究極のサービス業」だと言い表した。

　（ケースワーカーが）何でもやりますね。誰もやらないことをケースワーカーが受け止める。どこまでが仕事、というのがないので、やる人はやってしまう。例えば、部屋のそうじをしてバルサンをたいてあげたり。でも本人は何をしてもらっているのか、多分わからないんですけど。あと、入院中のおばあさんの着替えを部屋に取りに行ってあげたり、母子家庭のお母さんの具合がわるいとき、お母さんに病院に行かせ、子どもの世話をみるとか。（中略）サービスの内容も、本当だったら家族がやるべきことを、いないから、やっている。

こうした労働特性は吉永純のいう「逃げられない労働」［吉永 2002：67］の一面をよく表している。また必要なのに誰もやる者がいない場合、ケースワーカーが担わざるをえない場合もある。さらに生活保護制度は地区担当制であるため、どんな嫌な相手とでもうまくやらねばならない。クライアントとうまく折り合いをつけて、自分自身も気持ちよく職務遂行できるようにするために、「苦手な人はいる。そういう人には、平常心を保って話を聞くために、演技をする」ケース

ワーカーもいる［小村 2005：96］。

　公務員のなかで、こうした仕事に自らすすんで就きたいという人は少ない。ケースワーカーはごく一部の自治体を除いて、福祉の専門職採用者だけではなく、一般行政職や事務職で採用された職員も配属される。配属に関して、生活保護に関する知識の有無やそれまでの職務経歴は問われない。そのため入職したばかりの新人職員がケースワーカーに配属されることも少なくない。[8]筆者が行った質問紙調査でも、ケースワーカーへの配属を「希望していた」のは3割弱であり、7割弱が「希望していない」と回答した。[9]

(2) いきなり現場へ——戸惑う新人ケースワーカーたち

　ケースワーカーは、生活保護法に沿って職務を行う。『生活保護手帳』など事務的な取り決めや手続き方法、保護費の算定基準等を詳細に記載した資料などはあるが、職務遂行にあたっては大きな裁量権が与えられており、実務的な職務についての（少なくとも公式の）マニュアルはなく、ケースワーカー同士もお互いの仕事のやり方について干渉することは少ない。もちろん、複雑な事情を抱えた被保護者への対応については、会議で決定を下すが、基本的には個々のケースワーカーの判断に委ねられている。[10]だが、裁量が大きいということは、それだけ個々のケースワーカーの能力が発揮できる反面、とりわけ経験の浅い新人のケースワーカーたちにとっては大きな負担にもなりうる。つまり、個々のケースに応じて、適切な判断が求められ、それに対する責任が発生する。吉永純によれば「生活保護申請時は、待ったなしの局面であることが多く、何らかの答えを出さなければならない場合が多いが、時として命に関わることもある」という［吉永 2002：67］。多くのケースワーカーは、常に自分の判断が正しかったのか自問することも多い。的確な判断には、知識や経験が要求されるが、現状では十分な研修・教育体制が整っているとは言えない。

　筆者がこれまで行ってきたインタビュー調査（2003年、2006年実施）と同様に、2005年11月に実施した質問紙調査でも、ケースワーカーの仕事を始める前に十分な研修を受けたという人は、回答者のうちわずか1割程度にすぎず、「不十分」だとする者の割合は5割弱であった。約4割が「どちらともいえない」と回答した

が、その理由として、「研修だけでは身につかないことも多いと思うので。不足しているのは仕方ないと思います」、「生活保護制度の運用そのものが非常に細かい上、無数の他法他施策が存在する現状では、"充分な研修"は不可能だと思う」といったように、消極的な記述が目立った。

そして「不十分」だと回答した者たちは、「何の知識もないまま現場に放りこまれ、あとは仕事をしながら研修に参加する形だった」、「(生活保護制度の：筆者補足) 運用についての研修はあったが、生活保護ケースワーカーとしての振る舞い、心の持ちようなどについての研修がなく、戸惑ってしまった」、「制度についての研修は一度も受けていない。面接の注意点や、精神 (障害をお持ちの方：筆者補足) の方に対する注意点も教わったことがなく、自分の発言、態度がケース (被保護者：筆者補足) の状態を悪くしているのではないか、と思うことがあるし、精神的に自分もつらい」といった記述がみられた。さらに「実務のマニュアルがないので、先輩からの口伝え的なところがあり、先輩によってやり方が違い戸惑った」という者もいた。その先輩たちも、短期間での異動を繰り返している状態であり、経験に裏打ちされたノウハウやスキルが伝承されることはない。入庁と同時に配属されるケースワーカーは、自分たちよりも年長の被保護者を前に何をしてよいのか、また戸惑う。

このように、自らが希望しなかった職場への配属に加え、事前の教育・研修なども不十分であるため、現場の仕事に戸惑い、自分の仕事ぶりに自信を持てず不安な状態で仕事をすることになってしまう。その結果、よりいっそう仕事に対する意欲や関心の低下を招くとともに、被保護者に対して十分なサービスを提供できないという罪悪感や不全感を生んでいる。

3. 感情を管理する

(1) 評価されない「感情管理スキル」

ケースワーカーの仕事は、保護申請や保護費支給に関連する手続きなどの事務処理、訪問記録・ケース記録などを主とする事務業務と、面接や訪問による調査および相談援助という対人業務に大別できる。担当世帯数の増加にもかかわらず、ケースワーカーの配置基準が緩和された結果、1人あたりの仕事量が増えている。

そのためケースワーカーにとっては膨大な事務処理も大きな業務負担となり、対人業務が十分にできないと感じている人も多い。質問紙調査では回答者の約6割が現在より対人業務を「増やしたい」と回答し、「減らしたい」は2割であった。

対人業務は相手に共感し、傾聴する態度とともに、生活の立て直しのために自立に向けて相手の心を動かしていくことが求められる。こうした職務を遂行するなかで、自他の感情管理が重要なスキルとなってくる。いわば公的扶助労働は、感情労働の1つと言える。感情労働とは、アメリカの社会学者A.R.ホックシールドによって提唱された概念で、「職務内容の一部として求められている適切な感情状態や感情表現を作り出すためになされる感情管理」である［Hochshield, 1983＝2000: 7］。日本での感情労働研究は、看護職、介護職に代表されるケア労働の領域で蓄積されてきた。そのなかで新しいケア観などの登場によって、全人的なケアが求められるとともに、感情労働が強化され、燃え尽き症候群やストレスの問題が先鋭化するなかで、感情管理は新たな職務スキルとして注目を集めている。

田中かず子によれば、ケアワークとは「利用者の『生活』が仕事の対象であるので、個人的な感情が発動しやすい環境」にあり、「さらに感情にはたらきかけて自立性を求める仕事である」ために、ケアワークの場では、多大の感情がやりとりされるという［田中 2005：65］。そうした状況のなかで、「働き手を守り、対象者が安心してサービスを受けられるようにするためには、感情をめぐる高度なスキルが要請される」とし、ケアワークの専門性は「感情労働」にあると主張する。だが、「自分のなかに適切な感情を誘導し、不適切な感情を抑制するというように、感情を管理することは非常に大きな労力を要する作業である」［田中 2005：59］。それにもかかわらず、見えない労働である感情労働は、評価されるに足る労働とはみなされず、女性が多く働く感情労働への対価の低さもまた大きな問題として論じられてきた［Steinberg 1999、他］。

田中は感情労働のスキルを、①「理解対応スキル」（自分や利用者の感情や立場をよく理解してサービスを提供することができる）、②「自立共働スキル」（利用者に説明し、考えを伝え、説得し、利用者との関係をきちんと受け止め、目標に向かってやる気を引き出すスキル）、③「感情管理スキル」（マイナスの感情を抑

制し、適切な感情を維持するスキル）、④「洞察スキル」（初対面で利用者と良い関係を築き、ニーズを把握するスキル）の4つに大別して、ヘルパーによるケア労働の分析を行った。その結果、ヘルパーの精神的な健康状態に感情労働が深くかかわっており、ヘルパーの疲労感を説明するのは「③感情管理スキル」であり、感情管理スキルが高まると、ヘルパーの精神的健康度がアップすると結論づけている。
(12)

このことは、被保護者の状況を理解し、信頼関係を築くとともに、生活保護の内容を説明し、自立に向けた支援をしていくこと、そのための意欲を被保護者から引き出すケースワークにもあてはまる。そして上記の感情労働のスキルは、公的扶助労働において明示的に評価されているスキルとは言えないが、研修や職場でのOJTを通じて、各ケースワーカーに内面化されている。

ケースワーカーになって2年目のNさん（女性・30代）は、被保護者に対応する際に感情的にならないようにつとめているが、それでも感情的になりそうなときは、「顔に出ちゃう」ため、「（感情が顔に出ないように：筆者注）スイッチ入らないように」注意し、「（感情的になりそうな時は）落ち着いて、ルールにのっとって対応するように」と自分に言い聞かせているという。Nさんは、ケースワーカーに配属される前は、公立図書館で勤務していた。Nさんはケースワーカーの仕事と以前の仕事の大きな違いを次のように語った。

　感情がこるっていうのかな。肩こりみたいな。前は完全な接客。前と違う感情というか筋肉を使っている感じ。図書館（での仕事）は、サービス業の部分でウエイトレスと近いですね。地域の図書館は接客中心で、それも子どもから高齢者まで。自分が悪くなくても頭を下げなきゃいけないから。クレーム処理が多かったですね。

生活保護の現場では、ケースワーカーはサービス提供の対象者である被保護者に対して経済給付を行う立場にあるため、一方的に相手に謝罪する機会はそれほど多くはない。しかしながら、被保護者の生活歴や家族のことなど、幅広い個人情報を扱うがゆえに、ケア労働と同様に、「個人の感情が発動しやすい環境」に

置かれる。さらに、「個人にはたらきかけて自立性を求める」という職務特性から、ケースワーカーにとっても感情管理は必要不可欠なスキルの1つになっている。

Nさんと同様にケースワーカー歴2年目のOさん（女性・20代）は、先輩を尊敬する理由として「相手の感情をいかにあやつるかにたけている。こっちは冷静なままで、相手の感情をあやつっている。カーテンをひいて、自分を守っている」というように、感情管理スキルを挙げた。質問紙調査でも尊敬している先輩や同僚の優れている点を挙げてもらったところ、被保護者を理解しようとする態度や適切な助言・指導、感情管理、コミュニケーションスキル等を挙げた回答が多かった。しかも、ケースワーカーの感情管理は、冷静で中立的な感情表出をすることにはとどまらない。上記のNさんは感情管理の効用を以下のように話した。

　感情表現の豊かなケースワーカーもいます。その人にしかできないケースワークってすごいなぁって思う。自分にはできないなぁ。例えば、ルール通りとしては「お加減どうですか？」と言うけど、「また〜甘いモノばっかり食ってっから太るんだよ。たまには運動しろ」とか。これはルール外。でもそっちのほうが、相手がその気になる場合もある。

この語りは、ケースワーカーにとって感情管理が重要なスキルであり、多様な感情表出を使い分けることによって、相手の心を動かし、生活を変化させる大きな働きかけにもなりうることを示している。

(2)「仕事」としてのラインをひく

天田城介［2004］によれば、ホックシールド［1983＝2000］の調査対象であったフライト・アテンダントは顧客との短期的・一時的な対面的相互行為にコミットメントするのに対して、ケア労働者はケアを受ける人びととの長期的・継続的な関係を保たねばならないため、感情の管理はいっそう困難化すること、さらには、他の産業労働者は自己の労働を、自分の感情とは切り離すことのできる〈商品〉として扱うのに対し、ケア労働者などの感情労働に従事する者は、ケアを受ける人びと（顧客）との長期的な信頼関係にコミットしているがゆえに、十全にその

感情労働を商品化することができないことを強調する。それゆえ、「常に顧客に対する〈感情〉や〈配慮〉を優先させるか、それとも労働の〈商品化〉を優先させるかを決めかねる困難な立場にある」[渋谷 2000：82]のだ。

ケースワーカーにとっても、「(規定内の)仕事＝〈商品〉」か、「被保護者への共感・何とかしたい気持ちから、(規定を超えた)仕事＝〈感情〉や〈配慮〉」との間で一種のジレンマを引き起こしている。

研修や職場において精神的な困難を抱えないために「とにかく自分を守れ」、「問題を1人で抱え込まないこと」が強調される。そのために「相手の人生を何とかしようとしたらほんとに潰れちゃうので、あくまでも<u>仕事としてラインをひいて、ちょっと離れて</u>」(Oさん)仕事をするようにと言われる。しかし実際にそれを実践することは容易ではない。

＊(筆者)：実際そう言われてみて、実際にお仕事をされてラインはひけるのですか？
Oさん：あー、もう、ひけないですよ(笑)。んー、ひけないですね。やっぱり、ふつうのお金を出す、出さない程度ならまだいいんですけど、本人が何にもわからなくなっている状態、例えば、認知症や重度の精神(障害)とかで、本人は何もわからないわけだけど、本人を見捨てるわけにはいかないので。そこで結局、本人の人生を決めてるのって私たちになっちゃうんですよね。例えば認知症の方でも、次にどこの施設とか病院に移ればいいかとか。

このような仕事としてのラインを引くことの難しさとともに、被保護者の生活に介入したり、人生を左右したりするような判断を迫られることに伴うことに大きな負担を感じる人もいた。

他方で、専門知識や経験をうまく活かすことによって、職務の境界線をコントロールしているケースワーカーもいた。Mさんは大学で社会福祉を専攻し、福祉専門職として採用されたが、念願の福祉事務所に配属されたのは入庁後10数年経っていたという方である。

Mさん：<u>ケースワーカーは福祉の営業だと思っています</u>。いろんな商品を売り歩く。訪問して相手の訴えがあって、生保以外の解決方法も提示する。相手にそれを選んで選択させる。自分のなかに引き出しを持っていないと対応できない。引き出しを多く持っていることで、相手も信頼するんじゃないかな。後で調べてというのもいいけど、なるべくその場で即答できるように、相手の質問に素早く答えられるように日頃から準備しておく。商品は、解決方法やアドバイスですね。

＊（筆者）：そうなんですか。以前お話を伺ったケースワーカーの方で、生保の仕事は営業とは全然違うという方がいらっしゃいましたが。

Mさん：聖職というより普通の存在でいいんじゃないですか。自己犠牲的な場面もあるけど、それだけでやっていくのはしんどい。<u>自己犠牲は極めて稀に出す商品</u>ですよ。

　Mさんのように、「仕事」と規定される職務範囲を少し超え、いくばくかの「自己犠牲」を提供したときに、この仕事のやりがいや喜びを感じられる人は少なくない。ケースワーカー歴10年のQさん（女性・50代）もまた同様の経験がある。Qさんは、かつて自分と同じ北海道出身の末期ガンの男性被保護者に対して、規定回数以上に訪問して話をしたり、入院中の彼に代わって離婚した妻に連絡をとったりと、死の直前までつきあった。その結果、「その人の人生のしめくくりにかかわった。自分がいたことでよかった。ワーカーだからこそこういう経験ができたんですよね。仕事だと割り切らず、踏み越えた部分でいい仕事をさせてもらった」と話した。

3. 感情労働の困難を乗り越えるために

(1)「燃えつき」を引き起こす機制

　感情労働が問題となるのは、感情が疲弊し燃え尽きや感情疎外による自己欺瞞など、自己を脅かされるというコストを被るためである。[13]1人ひとり異なる生活歴、問題を抱えた被保護者とかかわりあいながら信頼関係を築き、必要な支援を行うケースワーカーは、看護・介護従事者によるケア労働と同様に、対人サービスが

中心的な職務要件となっており、職務上発生するストレスやバーンアウト（燃えつき症候群）の危険性も高い［武井 2001、2006；阿部 2007；小村 2005、2006；田中 2005、他］。

　ケースワーカーのストレスとその要因について調査⁽¹⁴⁾を行った茨木尚子［1995］によれば、仕事に満足している人は3～4割にすぎず、多くのケースワーカーが仕事に対してネガティブな意識を持っており、ケースワーカーの高い精神的ストレスは、生活保護業務そのものに由来していると結論づけている。その原因として茨木は、①人間関係の仕事の持つ複雑さ、マニュアルや方針通りに仕事を進められないこと。さらに勤務時間外にも電話がかかってきたり、ケースについて考えることなど、仕事と割り切れない部分の多さに由来するわずらわしさ、②電算化に伴う物理的な業務負担感のほかに、利用者の生活に介入したり、人生を左右するなど、ワーカーの権限の行使など、業務に関する負担感が大きいこと、③役所内および社会的な評価が低いこと、④査察制度が十分に機能していないことなどを挙げている。

　同様に介護ヘルパーへの聞き取り調査を行った阿部真大は、ケアワークを端的に「「心」を仕事に奪われていく仕事」だと評した［阿部 2007：10］。阿部は、「気づきの労働」であるケアワークにおいて、「よいサービスをおこなうためには、利用者と長くいて、その人のことをよく知らなくてはならない。しかし、知れば知るほど、利用者のことがますますわかってしまい、どうにかしてあげたくなってしまう。個別ケア労働とは、そこに長くいればいるほど、サービスが限りなくエスカレートしていくようなメカニズム」［阿部 2007：39-40］が内在していることを指摘した。これはケースワーカーにもあてはまる。

　ケースワーカーを志望し、理想に燃えて任務についたとは言えないOさんもNさんも、気がつくと、被保護者に振りまわされ、巻き込まれてしまったという。先述したワーカー歴5年のMさん（30代・男性）によれば、被保護者の要求に応えようと必死になり、できないことをダメと言えず、後で断るという失敗は新人ならばほとんどの人が経験するという。Mさん自身も昼休みに電話をかけてくる被保護者に対し、後でかけ直してほしいと、自分の本音をはっきり言えるようになったのは、ケースワーカーになって4年目ぐらいからだという。

対人サービス労働については、公私の区別・職務内容の境界が曖昧であることから、過剰な労働は「燃え尽き」の大きな要因となりうるが、他方でマニュアルワーカーになってしまうと「仕事がつまらない」「仕事の成果がみえない」というようにその職業の魅力を減退させてしまうという構図がある。ホックシールドは、燃えつきへの予防措置として、自分自身と自分の役割とを明確に分離することを「健康な」切り離し（"healthy"estrangement）[Hochschild 1983: 188 = 2000: 215] としてその効用を認めているが、それを可能にするためには一定程度の経験が必要であると言えるだろう。

(2)「まわりに相談しなさい」と言われるけど言えない現実

対人業務による精神的な負担や疲労には、周囲の支援といったソーシャル・サポートが必要である。Nさん（20代・女性・ワーカー歴2年目）の職場でも、ケースワーカーの多くが大きな精神的ストレスを抱える傾向がみられるという。「（ケースワーカーは）メンタルをやられやすい。毎年やられる人は出てしまう。殴られる人も出る。年に数回は警察や救急車を呼ぶ。（要保護者が：筆者注）取り乱すのを見てショックを受けたワーカー」もいる。ただ、自分たちの「仕事が重い」という意識を共通しているため、職場の人間関係はよく、「へこむ人が出ないように、つらそうな人がいたら話を聞いてやろう」という雰囲気があることで、職場内で配慮しあっている。

だが、皆がそういう職場環境にいるわけではない。新人だったOさん（女性・20代・ワーカー歴2年目）は誰にも言えず、一人で悩みを抱え、家で泣いていることが多かったという。Oさんが入庁した頃は採用を抑制していたこともあり、同期も少なく、職場内に年齢やワーカー経験年数が近い同僚や先輩が不在であった。現在、多くの自治体でケースワーカーが国の基準を下回る人員しか配置されず、要保護者からの相談・援助に適切に対応できない状況となっている[15]。その結果、ケースワーカーの仕事量が増大し、後輩への教育や相談が十分にできない、新人ケースワーカーが周囲の同僚・先輩のあまりの忙しさに声をかけかねている。

もちろんベテランのワーカーたちも、新人や若手へのサポートを放棄しているわけではない。あるベテランワーカーは、「最近の若い人はあまり職場で愚痴を

言わない。仕事が良くできるし、優秀だと思う。みんなそつなく仕事をしている。深く悩んでいるようにも見えず、淡々と仕事をしている」、と言う。しかし、Oさんに限らず、新人ワーカーはけっして「淡々と仕事をしている」わけではなく、職場の先輩や同僚が自分への支援をしようとする意図もきちんと読みとっている。それでも自分の弱さをさらけ出すことへのとまどいと、周囲の人たちのやさしさを理解しているがゆえに甘えてはいけないという遠慮がみられる。このような両者の意識のギャップの存在が双方のコミュニケーションを阻害し、悩みが共有されないことで、精神的な疲労が解消されないまま蓄積されていく一因があるのかもしれない。

(3) 感情労働の困難を個人に帰責させないために

これまで述べてきたように、ケア労働には必然的に感情疲労を引き起こすメカニズムが内在しているとするならば、この問題とどう向き合っていけばよいのか、また感情疲労が生じた場合にどのような方途がありうるのかについて考察してみたい。

看護職者が患者に対して否定的な感情を抱く場合に、看護師として適切ではないと自責の念にとらわれることがしばしばみられる。こうした状況に対して崎山治男は、看護師としての職務に沿った感情管理からクライアントの生活史を考慮した感情管理を行うことによって、感情規則の解釈図式を変更していく「態度変更」という技法の有効性を主張している[崎山 2005：236]。

しかしながら崎山本人も自覚しているように、あくまでもこれは「一時的」な技法にすぎない。小村[2005]でも主張したように、感情労働を行うことで生じる困難を個々人に帰責させてしまう現状があるが、感情労働に由来するリスクや諸問題に対して、個々人の努力で対処するには限界がある。ケースワーカーも、難しいクライアントには複数のケースワーカーや組織全体で対処するなど、一人で抱え込まない、「巻き込まれ」すぎないように工夫をしていた。今後は、職場でのメンタルヘルスへの取り組みはもとより、感情労働によるコストを組織や集団で防衛し、ケアする対策を講じていく必要があるだろう。

結　語

　本稿で検討した事例は、地方公務員による公的扶助労働である。言うまでもなく公務員が提供するサービスは営利目的ではない。しかも公的扶助は、公的部門が独占しているサービスであり、市場において競合相手はいない。しかしながら、サービスの授受において、労働者に要請されるスキル、とりわけ感情管理スキルは私的部門とそれほど大きな違いはないと言えるだろう。サービスの提供過程において、互いの感情がやりとりされ、それによって互いの感情が触発されていく。また家族機能の縮小、社会関係の希薄化に伴い、その代替機能がサービス内容に求められているなっていること、すなわち社会全体のサービス化の傾向がみられ、そのサービスを提供する際に「感情」あるいは「心」が貴重な資源となっている点も、現代社会の特徴を表していると言えるだろう。

　感情労働の要素を持つ生活保護ケースワーカーの仕事では、どのように公私のバランスをとるのか、仕事とそれ以外のものとの境界線を引くことへの自律性・裁量性の大きさと、それを使いこなす能力が必要とされている。そして「自己犠牲」をうまく使うこと、あるいは「仕事だと割り切らず、ちょっと踏み越えた」ときに仕事の醍醐味や魅力を実感できるのである。

　以上のことから、ケースワーカーの直面する困難を軽減し、仕事の面白さや魅力を感じるためには、以下の3点が重要であると考える。第一に、ケースワーカーには生活保護制度についての知識のみならず、対人業務のノウハウや感情管理のスキルを身につけるための教育・研修が必要であること。十分な研修を受けないまま、現場に出て行くことの怖さや不安を解消すること、職務遂行によって生じる困難への対処方法を身につけておくことは、とりわけ新人ケースワーカーにとって非常に有効だろう。

　第二に、生活保護ケースワーカーの専門性が要求される仕事であることをふまえた採用・配属と人材育成を行うことである。現在、大きな問題として、ケースワーカーが不人気職種だということもあり、2年から3年ごとに人事異動が行われる。そのため、ようやくつかんだ仕事のコツや経験が蓄積されにくい体制となっている。しかし職務遂行によって生じる困難への対処方法を自分なりに確立していく

ためには一定程度の経験が必要である。短期間での異動を繰り返すなかで、ケースワーカーの経験やノウハウが蓄積されないことの弊害は大きい。

　第三に公的扶助労働が持つケア労働の特性を考慮し、感情労働に起因するリスクを軽減するための組織的な対処法、ケースワーカーたちの精神的な負荷を緩和するようなメンタルケアへの取り組みである。端的に言えば、個人のメタルヘルスについて職場全体でのサポート体制を整えることにある。

　こうした諸条件の整備や改善が進むことは、ケースワーカーだけでなく、被保護者にとっても良い結果をもたらすはずだ。ケースワーカーの質が問われている今だからこそ、サービス提供者に配慮した労働環境の整備・改善が求められているのである。

〈付記〉本研究に対し、早稲田社会学会研究助成金を受けた。記して感謝したい。

〔注〕
(1) 厚生労働省が自立支援プログラムを導入した背景には、生活保護制度の見直しのなかで、経済的な給付だけでは被保護世帯の抱える問題への対応に限界があるとの認識に至ったことがある。被保護者の実情に応じた多様な支援メニューを整備するためには、ケースワーカー1人ひとりの、あるいは組織ごとの専門性、他法他施策および関連機関等の連携が求められ、コーディネータとしての調整力や経験・ノウハウの蓄積も重要となってくるだろう。
(2) 「感情労働」とは、「職務内容の一部として求められている適切な感情状態や感情表現を作り出すためになされる感情管理」と定義される［Hochshield 1983 = 2000: 7］。
(3) 生活保護ケースワーカーの職務と感情管理の実態については既に小村由香［小村 2003、2005］に詳しい。
(4) 全国公的扶助研究会とは、「公的扶助研究会は、わが国の社会保障の根幹をしめる公的扶助制度を中核とする社会福祉の基本法を取り扱う福祉事務所に働く福祉労働者ならびに関連職種の労働者をはじめ地域住民と共に、普遍的な人間の尊厳と可能性を信頼して、国民の生活の向上と人格の発達に努め、併せてわが国の社会保障の拡充と民主主義の発展に寄与することを目的に活動する民主的研究団体です。」（同会HPより抜粋。http://www.kofuken.npo-jp.net/）
(5) 論文掲載にあたり、インフォーマントに引用部分のデータを提示し、データ使用の承諾を得た。
(6) 社会福祉事業法では「生活保護現業員」と規定されている。地区別に担当していることから、地区担当員、または個々の被保護世帯の相談に応じていることからケースワー

(7) これらの業務が生活保護現業員の本来業務なのか、と問う声もある。また、「世の中の人たちは、福祉事務所職員を保護世帯の後見人みたいに思っているんです」(「ああ、生活保護、この現実！」『別冊 宝島 ザ・公務員』125頁) という記述からは、生活保護現業員が、要保護世帯と地域社会とのつながりのなかに、様々なかたちで介入せざるをえない実情が浮かび上がってくる [新保 1999：23]。

(8) 平成15年度の調査では、経験1年未満の者の割合は全国平均で25％にも達している。平成17年度の厚生労働白書においても、現業員 (生活保護ケースワーカー) の経験不足や、社会福祉主事資格保有者の低下とともに、社会人としても公務員としても経験が不足している新人職員が配置されることが少なくないと指摘されている。こうした状況に対して、社団法人日本社会福祉会は「生活保護制度の見直し及び制度運用の在り方と自立支援に関する意見」を厚生労働省あてに提出している。それによれば、現業員 (生活保護ケースワーカー) の社会福祉主事視覚保有率は、平成2年度の76.5％から平成13年には61.4％へ低下したことが記されている。

(9) 調査対象者は、公的扶助研究会という自主的な研究会への参加者であり、現在の仕事に対して肯定的な傾向を持っているだろう。それを差し引いても、不人気職種であることは推察できるだろう。

(10) しかしながら、この裁量権の大きさは、自律的に職務遂行ができるというメリットがある一方で、職務内容が曖昧であるために、ケースワーカーによる業務量や提供されるサービスが異なり、クライアントに不公平感を抱かせたり、あまりにも多くの仕事を1人で抱えたりしてしまうために過労や燃え尽きが生じてしまうこともある [小村 2005]。

(11) 対人業務には、要保護者 (現に生活保護を受けているかいないかにかかわらず、生活保護を必要とする状態にある人) が最初に福祉事務所に相談に来た際の面接 (インテーク面接) と訪問調査がある。対人業務には、要保護者が、最初に福祉事務所に相談に来た際の面接 (インテーク面接) と訪問調査がある。調査訪問には、保護申請に基づいて保護の要否と保護の種類、程度を決める初回訪問と、保護を受けている世帯に対して、法で定める最低限度の生活保障と自立援助を行う継続訪問がある。福祉事務所のなかには、インテーク面接を専門に行うスタッフを配置しているところもある。

(12) 田中と同様に西川真規子 [2004] も、「特に感情管理スキルは管理者には見えにくく、たとえより良いサービス提供に重要なスキルであっても、適切に評価されない可能性がある」と指摘している。

(13) ケア労働することが燃え尽きにつながるといった因果関係を自明視する議論に対して、三橋弘次 [2008] は、感情労働過程の多様さを看過した粗雑な議論だと批判している。今回行った質問紙調査でも、事務業務に忙殺され、十分に対人 (支援) 業務ができていないという回答が6割にものぼった。

(14) この調査は、厚生省社会局の委託を受け、1991年から3年間、3県にまたがる福祉事務所に勤務する職員 (生活保護現業員、生活保護査察指導員、生活保護以外の現業員、

一般事務職員など）を対象に、質問紙調査とケースワーカーに対する面接調査を実施された［茨木 1995］。
(15) ケースワーカーの配置は、社会福祉法第16条により、市部では被保護世帯80世帯に対し1人、町村部では65世帯に1人となっている。2000年から「法定数」から「標準的」に緩和された。朝日新聞社のアンケート調査によれば、調査した73市区のうち配置基準を満たしていない自治体は9割を超えたという（『朝日新聞』2009年5月9日朝刊）。

〔引用・参考文献〕

阿部真大 2007、『働きすぎる若者たち「自分探し」の果てに』(生活人新書221) NHK出版。
天田城介 ［2004］「感情を社会学する」早坂裕子・広井良典編『みらいを拓く社会学―看護・福祉を学ぶ人のために』ミネルヴァ書房。
Himmelweit, Susan 1999, "Caring Labor," *The American Academy of Political and Social Science,* (AAPSS), Vol.561, January, pp.27-38.
久田恵 1993、『ニッポン貧困最前線 ケースワーカーと呼ばれる人々』文藝春秋。
Hochshield, Arlie Russel, 1983, *The Managed Heart: Commercialization of Human Feeling*, The University of California Press（＝2000、石川准・室伏亜紀訳『管理される心―感情が商品になるとき』世界思想社）.
茨木尚子 1995、「公的扶助ケースワーカーのストレスとその社会的要因―ケースワーカーへの面接調査をとおして」『共栄学園短期大学紀要』11：231-241。
春日キスヨ 2003、「高齢者介護倫理のパラダイム転換とケア労働」『思想』No.955、岩波書店。
加藤薗子 2002、「社会福祉政策と福祉労働」加藤薗子・垣内国光・植田章編『21世紀の社会福祉3 社会福祉労働の専門性と現実』かもがわ出版。
小村由香 2005、「対人サービスにおける感情管理―生活保護ケースワーカーを事例として―」日本労働社会学会編『日本労働社会学年報』15：83-110。
―――― 2006、「対人サービス労働者をめぐる諸相―生活保護ケースワーカーを手がかりとして―」『早稲田大学大学院文学研究科紀要』1：55-64。
三橋弘次 2008、「感情労働が燃え尽きたのか？」日本社会学会編『社会学評論』58(4)：576-591。
三井さよ 2004、『ケアの社会学：臨床現場との対話』勁草書房。
三矢陽子 ［1996］2003、『生活保護ケースワーカー奮闘記』ミネルヴァ書房。
西川真規子 2004、「ヘルパーの技能の内実と向上―アンケート調査に基づく実証分析」法政大学経営学会『経営志林』41（1）：35-53。
崎山治男 1999、「感情労働と自己―看護過程における感情労働を通して」『関東社会学会論集』12号。
―――― 2005、『「心の時代」と自己―感情社会学の視座』勁草書房。
新保美香 1999、「生活保護現業員の業務をめぐって」ソーシャルワーク研究所編『ソーシャルワーク研究』24（4）。

Steinberg, Ronnie J. 1999, "Emotional Labor in Job Evaluation: Redesigning Compensation Practices," R. Steinberg and D. Figart (eds.), *Annals of the American Academy of Political and Social Science,* pp.143-157.
杉村宏 2002、『公的扶助―生存権のセーフティネット』財団法人 放送大学教育振興会。
武井麻子 2001、『感情と看護―人とのかかわりを職業とすることの意味―』医学書院。
―― 2006、『ひと相手の仕事はなぜ疲れるのか―感情労働の時代』大和書房。
田中かず子 2005、「ケアワークの専門性―見えない労働「感情労働」を中心に」女性労働問題研究会編『女性労働研究』47、青木書店。
吉永純 2002、「利用者本位の生活保護を求めて―現代公的扶助労働論」加藤薗子・垣内国光・植田章編『21世紀の社会福祉3 社会福祉労働の専門性と現実』かもがわ出版。

〈参考資料〉
厚生労働省,「平成17年度 社会福祉行政業務報告」http://www.mhlw.go.jp/toukei/saikin/hw/gyousei/05/index.html

⟨Abstract⟩

Emotional Labor in the Public Sector: A Case Study of Livelihood Protection Case Workers

Yuka Omura
(Japanese Nursing Association)

Due to the recent recessions, the numbers of welfare recipients in Japan has been increasing. Since 2005, more than a million households have been receiving livelihood protection by the Goverment. The tasks of livelihood protection case workers are not only limited to benefit payments but also to help recipients to make an independent living. In other words, they are put to the test of their abilities to rise up to the occasion.

Some difficulties, however, are present, which prevent livelihood protection case workers to play in full the important roles they are assigned. First, workder specialties are not taken into account at the time of their recruitment and job posting. In addition, as they are on average in charge of nearly 100 clients, and they are too busy even just to visit the clients let alone to conduct in-depth hearing. Second, newly assigned staffs are untrained and don't have sufficient knowledge and skills to perform their tasks in full. They always perform their task with mounting burdens of anxiety. Third, livelihood protection case work involves emotion management as a skill. But their efforts in emotion management are not sufficiently appreciated and considered.

Care work requires "emotional labor," a term defined by A.R. Hochshild. Emotional labor involves risks which bring about negative effects on care workers, such as burnout syndromes. Emotional management skills should be given much higher values. Moreover, problems that derive from emotional management must be wrestled with not by individual workers but by the organization as a whole.

ノンエリート階層のキャリア意識に関する一考察
―― 初級公務員試験の失敗経験がもたらす影響 ――

中嶌　剛
(東洋英和女学院大学)

はじめに

(1) 研究の目的と課題

　わが国では、ニート、フリーター、学卒無業者の増大が若年労働市場における問題の枢軸といわれて久しい。それらの背景要因はさまざまである反面、必ずしも就職ができない若者たちを指し示すものではないという共通点がある。だからといって「なりたい職業」への志向性が強すぎるあまり、未内定状態が持続化してしまうことも深刻な問題である。一方、望ましくない就職試験等の結果を受けて、就業そのものに対する情熱や意欲を失ってしまうことも看過できない。なぜなら、その典型例として、公務員養成分野における学卒無業者の問題(1)や19歳～20歳代前半の若手公務員の早期離職の問題(2)が指摘されているからである。これまで公務員進路は終身雇用をはじめとした職位の安定性が議論の大前提にあった。(3)他方、公務員試験に最終合格できなかった場合やとりあえず公務員になった後に離転職をする場合のように、公務員進路選択者 (受験経験者および内定就職者) がいったん公務員就業のルートから外れてしまう場合、労働社会における就業上のリスクが急速に高まるという指摘があり、(4)ここに若者のキャリア形成意識を左右する大きな要因がある。しかし、本研究では公務員志望者のなかでも公務員になれなかった者の不安定な生活や労働の状況に注目する。一般に、公務員就職市場では、「公務員試験合格」＝「生涯の雇用保障」＝「一生の安定」という認識が根強く存在するが、その競争の裏側では、毎年、公務員試験不合格者という一定の下位集団 (以後では「下位グループ」(5)と呼ぶ) を生み出しているという厳然たる現実が存在する。「安定」のための一途な目標に見合う結果が得られない場合の

大きな代償として、民間と公務員の併願率が低いノンエリート公務員志望者層[6]では、進路転向時における成功可能性の面で不合格者のリスクが相対的に高くなることが考えられる[7]。

　職業キャリアの中断による影響や離職経験の効果に関する先行研究については、Groot, Loek F.M. et al. [1990] が、「若年期における失職や一時的なキャリアの中断は、中断のない場合に比べて永続的な賃金損失を招く可能性が高くなる」と指摘しており、キャリアの中断そのものを否定的に捉える見方が通説になっている。また、結婚や出産といったライフイベントによるキャリアの中断による影響についても、OJT 格差によって女性に不利な条件を享受させているという Gronau [1988] の研究成果、あるいは、中断期間の長さが賃金低下に大きな影響をもたらすという Mincer, J. et al. [1982] の研究なども興味深いものである。

　わが国の研究領域でも中学や高校を中途退学したり、初職の入口局面において躓くことが必ずしも将来のキャリア展開に有利にならないという見解が確かにみられる（表1）。しかしながら、これらのほとんどの分析は義務教育時代から高校時代にかけての挫折経験と（数年後の）就業状況との関係に注視したものであり、本稿のように就職試験や公務員試験等の就業と直接かかわる場面での挫折経験による意識面での影響について言及されていない。ここに研究の余地が垣間見られる。

　さらに、本稿で取り上げるノンエリート公務員（高卒程度）を目指す者たちの多くは、高校時代までに学習経験（大学入試等）において挫折経験をもつ者が多い。彼らが公務員試験で同様の失敗を繰り返すことによる、キャリア形成への意識面での影響の大きさが容易に想定されるため、現行の「公務員採用試験に受からせる教育」という公務員養成における教育改善を検討することで、そうした実践の基礎資料を蓄えていくことも意味があるだろう。労働市場の入口局面における社会的地位獲得競争で繰り返される挫折経験は、当事者の初期キャリア形成過程により直接的な影響を及ぼし得ることが考えられることから、本稿で取り上げるような実際の公務員養成教育の現場において公務員になれない者たちの労働や生活の在り方についてもっと徹底検証されてよいと思う。すなわち、教育機関側が公務員不合格者たちが学校卒業後に直面する社会のありようを正確に把握しないこ

表1　わが国における挫折経験と労働市場の関係についての主要先行研究

文献 [出版年]	データ	調査概要	調査時期	問題意識	推計方法	主要な結果
日本労働研究機構[1992]「高校退職者の就業実態」	昭和63年に公立の全日制高校を退職した813人（有効回答率27.4％）	退学の過程から初職選択活動〜退学後の職業経歴への自己評価	1990年10月〜12月	高校退学行動を教育問題であると同時に労働問題として捉える必要性に注目		・退職後の初職形態はアルバイト・パートが51.5％であるが、適職探索的であるかは不明 ・退学から2年間に7割が1〜2回の離職経験をする。 ・将来見通しについて、「自分の思い通りの道を歩める（49.2％）」の一方で「よく分からない（38.4％）」
吉谷[1993]「新規中卒者の労働市場」	旧労働省『職業安定業務統計』、旧文部省『学校基本調査』のマクロデー	昭和20年代まで遡り、年代毎に時期区分し、社会的背景を踏まえながら、既存データを回顧した調査	1993年時点	今日ではマイノリティーである新規中卒労働市場の概観と実態把握		・問題を抱えているケースが多い中卒者に対し、中学校は労働市場への参入支援が不十分。 ・4割を超える就職後の離転職の問題。 ・学校側の進路指導と公共職業安定所側の職業指導の連携の問題
日本労働研究機構[1999]「高等教育と職業に関する日欧比較調査・日本調査」	全国の4年制国公私立大学45校106学部の1995年度卒業者3,421人（有効回答率30.0％）	日本と欧州11カ国の大卒者にアンケートを実施し、学校から職業への移行の規定要因を個人レベル/組織レベル/国レベルから重層的に分析	1998年12月〜1999年2月	大卒者の職業への移行に関して、①移行プロセスの円滑さ②雇用就業状況の適切さ③大学教育の職業生活への反映度、の三側面から実証分析	重回帰分析	日本の学校未就業者は無業や一時的な仕事の比率が高く、公務員・教員試験を受験している者が多い。したがって、一般企業への応募と並行しやすいような考慮が必要である。
三谷[2001]「長期不況と若年失業」	旧労働省『平成9年若年就業者実態調査』、30歳未満の若年雇用者8,839人の個人データを特別集計	若年労働者の入職経路や職業経路についての回顧データの部分を使用した調査	1997年10月	入職過程の相違が賃金や就業状態に与える影響（入職経路依存症）に注目	OLS推計プロビット推計	学歴差は賃金や雇用の安定性に格差をもたらすが、その影響は時間の経過とともに解消される。若年失業や不完全就業は、賃金や雇用の安定性にマイナスの影響を与える。
労働政策研究・研修機構[2004]「移行の危機にある若者の実像」	移行の困難度の高い若者（意欲を持って求職活動をしていない若者）51人	4つの次元（就労・学校・家庭・ソーシャルネットワーク）から過去の変遷を調査。半構造化した質問紙を用いた面接調査	2003年4月〜2004年2月	学校から職業への移行が困難な若者（無業・失業・フリーター）の中でも就職支援策を上手く使っていない意欲の低い若者の実態把握と背景要因の分析	移行が困難な若者のパターン化	・初期の学校への失敗（不登校・逸脱・中途退学）が将来の個人のキャリア展開の障壁になる。 ・困難状況の5つのキーワードは「刹那に生きる」「つながりを失う」「立ちすくむ」「自信を失う」「機会を待つ」
髙橋・玄田[2004]「中学卒・高校中退と労働市場」	インターネットによるアンケートモニターのうち、18〜35歳までの無業者（調査時点）1,385人のうち、中学卒43人と高校中退108人に焦点を絞った無業者調査（N=455）	厚生労働省が㈱UFJ総合研究所に委託実施した『若年者の職業生活に関する実態調査』の個票データを使用した調査	2003年2月	中学卒や高校中退者の正社員就業の確率を推計	プロビット推計	・高校中退者は学校を辞めた直後に正社員になる確率が低くなっている。 ・正社員への就業確率の卒業と中退による相違は、年齢を経るに従い解消されている。 ・中退者が正社員就業が困難となるのは、彼らの継続志向の弱さや認知能力等の資質の差ではなく、本人能力や志向に適った就業機会に出会いにくいことにある。

とには、公務員の輩出という問題以前に、一社会人の養育としての労働や生活の現実に即した教育を構想することはできないであろう。

このような問題意識の下、本稿では学歴競争と職業獲得競争（公務員受験）の二つの連続したステージで失敗を重ねた三人の若者の主観的なキャリア形成過程に着目しながら、パーソナル・ライフヒストリー手法を用いた比較分析を行う。(8)そして、彼らが卒業後どのような生活や労働に直面し、どういった困難を抱え、どのように生き抜いているのかを検討する。このように、公務労働市場におけるリスクの増大と挫折経験による直接的影響を捉える視点の欠如という問題に対し、若者のキャリア意識形成に寄与する要因について探ることで、今後の公務員養成教育で優先的に取り組むべき課題を析出することを目的とする。

また、本稿ではこれまであまり取り上げられてこなかった失敗事例から導出される失敗の背景要因とその影響を考慮し、挫折経験とキャリア意識の相関を解明する視点から論考することとする。

(2) 公務員養成教育における問題点～実証結果からの問題提起

前節をふまえ、就職試験準備時期から就業までの初期キャリアにとって極めて重要だと思われる期間内における挫折経験のキャリア形成への影響を考慮することは今日的課題であると思われる。一口に挫折経験といっても、どの時期で経験

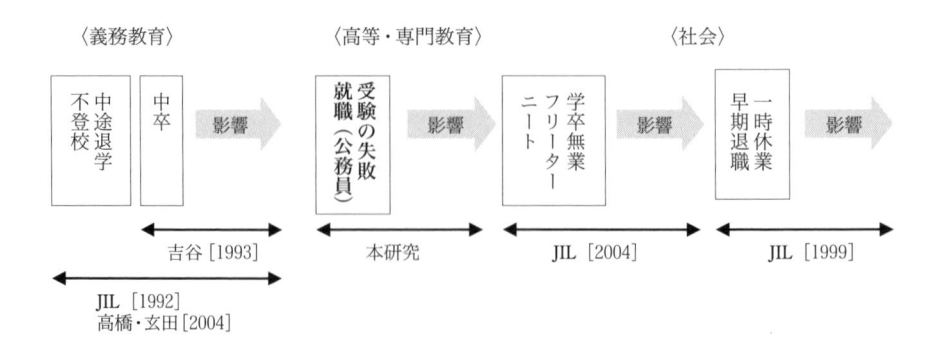

図1　挫折経験時期の相違からみた本研究の位置づけ

出所）筆者作成による。

するかによってその後に与える影響は変わってこよう(**図1**)。本稿で「挫折」の局面に初級公務員の未内定状況を取り上げるのは、筆者独自の調査において、ノンエリート公務員志望者の間で「とりあえず公務員になること」がキャリア形成上、要となる可能性が示されているからである。**表2**は職業キャリア意識の形成要因に関する推計結果であるが、現役公務員モデルの推計(推計Cおよび推計D)では、「とりあえず公務員ダミー」と「職業メリットダミー」の二変数が両推計方法で有意かつ正の値が示されている。すなわち、ノンエリート公務員になった者の間では、公務員就業した上で公務員としてのメリットを感じながら、自覚的に職業キャリア意識を形成していく構造が推計結果から推察される。このことは、公務員未内定者や早期退職者のような公務員進路から脱落する者(下位グループ)は、社会的地位の確保という現時点の問題だけでなく、キャリア形成の観点から将来にかけて極めて不利な状況にさらされる可能性を示唆している。

　上記のような公務員進路内定に関する諸要因のキャリア形成上の影響の大きさを示す実証結果をふまえると、公務員養成機関が合格内定率の上昇を目的とし質の高い教育を追求することの代償として、合否結果によって将来のキャリア形成面での意識格差を生んでしまうという意味においては、公務員試験に最終合格できずに進路変更をせざるを得ない者へのフォローがより一層重要であるといえる。この観点は筆者実施の『若手公務員のキャリア意識調査(2008)』における、「とりあえず」意識の学歴間格差の調査結果からも裏付けることができる。そこでは、採用試験区分が高卒の者ほど「とりあえず」意識が高くなっており、公務員進路内定により初期キャリアの最低ラインを確保するというノンエリート階層特有の傾向を確認している。したがって、「とりあえずの就業をする層」や「とりあえずの就業すらできない層(下位グループ)」に対する意識面からの検討は、ニートや学卒無業者のような「とりあえず定職に就かない層」の就業促進への政策提言に結びつく可能性がある点で重要であろう。

投稿論文

表2　ノンエリート公務員の職業キャリア意識の形成要因（推計結果）

カテゴリー	説明変数	<推計A> 公務員志望者のプロビット・モデル	<推計B> 公務員志望者の順序プロビット・モデル	<推計C> 現役公務員のプロビット・モデル	<推計D> 現役公務員の順序プロビット・モデル
①基本属性	性別ダミー	-0.103 (0.260)	-0.023 (0.632)	1.982 (0.288)	-1.764 (0.275)
	親の熱心さダミー	-0.537 (0.003)**	-0.275 (0.037)*	-0.392 (0.638)	-0.717 (0.343)
	夢・希望ダミー	0.221 (0.676)	-0.458 (0.122)	-0.065 (0.729)	0.109 (0.528)
	身近な公務員ダミー	-2.508 (0.030)*	-0.698 (0.116)	-1.241 (0.160)	-0.894 (0.226)
	アルバイト経験ダミー	-0.155 (0.291)	0.055 (0.556)	-0.030 (0.560)	-0.044 (0.368)
②公務員養成教育への適合性	専門教育への評価ダミー	-2.249 (0.182)	0.148 (0.576)	1.626 (0.046)*	-0.731 (0.135)
	学生期間重要度ダミー	-0.47E-02 (0.957)	-0.025 (0.546)	-1.695 (0.008)**	1.738 (0.004)**
	平均学習時間	-0.541 (0.308)	0.666 (0.030)*	-0.597 (0.493)	0.555 (0.465)
	養成教育への満足度ダミー	4.467 (0.009)**	-2.137 (0.000)***	0.096 (0.648)	-0.282 (0.284)
③公務員進路に対するスタンス	迷った選択肢ダミー	0.029 (0.174)	-0.049 (0.000)***	-0.087 (0.880)	-0.241 (0.626)
	とりあえず公務員ダミー	0.024 (0.174)	0.016 (0.233)	2.085 (0.006)**	1.203 (0.007)**
	進路選択納得度ダミー	0.180 (0.813)	0.019 (0.526)	1.793 (0.049)*	-1.023 (0.114)
	進路選択不安(内定前)ダミー	0.036 (0.788)	0.050 (0.390)	1.442 (0.046)*	-1.290 (0.035)*
	志望動機ダミー	1.083 (0.213)	-0.181 (0.346)	-0.650 (0.038)*	0.354 (0.134)
	職業メリットダミー	0.063 (0.851)	0.021 (0.907)	0.274 (0.009)**	0.262 (0.006)**
	出世意欲ダミー	0.536 (0.468)	0.347 (0.398)	-0.58E-02 (0.899)	0.229 (0.365)
	職業人生決定度(%)	-0.152 (0.307)	0.169 (0.010)**	0.091 (0.862)	0.281 (0.009)*
	標本数	205	205	114	114
	疑似決定係数	0.7247	0.7559	0.6472	0.6798

注）1　有意水準　***は1%　**は5%　*は10%
　　2　（　）内はP値
資料出所）中嶌[2008b] 42-45頁。

(3) 調査概要と分析方法

1) 調査概要

　本調査の対象であるA氏〜C氏の三名は、公務員養成専門学校（専修学校専門課程二年制コース）に入学後、筆者が継続的なインタビュー調査を続けてきた元学生たちである。A氏は、過去に不登校の経験をもち、2005年4月に専門学校へ

入学してきた若者（2007年3月卒業）である。B氏は、手に軽度の障害をもっており、公務員として人の役に立つ仕事をしたいという思いで専門学校に進学してきた若者（2007年3月卒業）である。C氏は、ごく一般の家庭環境に育ち、普通高校を卒業した後に、警察官を目指して専門学校に進学してきた若者（2006年3月卒業）である。いずれの三氏も専門学校生時代に初級公務員試験で採用未内定となった経験をもつ（この論文では2005年4月〜2008年10月までの3年7カ月間のインタビューによる）。A氏〜C氏を分析対象に選定した理由は、公務員試験未内定者のなかでも、精神的なハンデをもつ者（A氏）と身体的な障害をもつ者（B氏）、そして特別なハンデをもたない者（C氏）、という過去の背景要因や挫折経験の質が異なる者同士を比較検討することで、同一経験（初級公務員の未内定経験）が及ぼすキャリア形成への影響度の違いを調べることができるのではないかと考えたからである。[11]

このようにして、公務員就業のルートから漏れるケースを掬い上げる試みは、卒業無業者に対する支援策や公務員養成分野の教育方法の改善・改良という課題への接近につながる。また、かつての「教員と学生の関係」から「一社会人（元担任）と一社会人（元学生）の関係」へとお互いの立場を変えて、客観的に第三者的な視点から当時を振り返ることが追跡調査の利点としてあげられる。なお、ライフヒストリーの収集にあたっては、極力、聞き手の枠組みに制約されないようにするために、フランクな会話の中に質問を織り交ぜながら、本音を引き出す工夫を行った。[12]

2）分析方法

明確に言語化されない被験者（A氏〜C氏）が置かれている状況の把握を厳密に行うために、初級公務員試験に最終合格できなかった三名の男性の事例を取り上げる。追跡インタビューの後に逐語録を作成し、言語化を行い、キーワードを抽出した。その際、対象者自身の「将来の職業キャリアに対する思い」について、過去の挫折経験がキャリア意識の形成過程にどのような形でかかわっているのかの把握に努めた。同時に、「語られたこと」それ自体を事実の断片として無反省に扱っているというライフヒストリー手法への批判を考慮して、筆者がクラス担

任時にA氏やB氏に作成してもらった面接練習時の振り返りシートを援用した[13]。一方、調査対象者が少人数という限界があるため、表現や解釈が恣意的にならないように、初級公務員という同種試験のなかで最も低難易度のものにおける失敗事例の範疇のなかで議論を行うことを意識した。

1. 初級公務員試験の不合格者の就業意識──パーソナル・ライフヒストリー分析

本節では、A～C氏の挫折経験の背景にある三者三様のハンデに注目しながら分析をするために、ライフヒストリー手法を用いる。とくに、家庭内教育における影響として「生い立ち」を、就業目前での挫折経験における直接的な影響として「(公務員養成専門学校)卒業後の状況」に注目する。

(1) 事例1──引きこもり経験のあるA氏の受験失敗を契機とした意識変化
1) 生い立ち（過去の挫折経験～公務員試験の失敗）

父親はサラリーマン、母親は専業主婦という家庭で次男として育ったA氏は、中学1年の時、学校内での人間関係のもつれから登校拒否の状態となり、1年間のブランクを作りながらも、大検資格が取得可能な通信制の夜間高校を卒業した。学力不足により大学受験は断念したが、公務員である兄の影響を受けて、公務員養成専門学校に入学した。受験年次を迎えても、成績は相変わらずボーダーラインを割り、第一期の公務員試験(5月試験)において一次試験で全敗した。夏期休暇以降は悪化する精神不安の状態と格闘しながらも、第二期の公務員試験(9月試験)に突入。かろうじて、一つだけ一次試験をクリアしたが、二次面接試験では自分の殻を破り面接練習の成果を発揮することができず、不合格となった。この通知を受けたのは、もう年の瀬に入ってからのことであった（傍線筆者）。

最終試験での不合格によって、民間就職への転向が決まったが、年末から新年にかけてのシーズンオフにおける就職活動は、アルバイト経験もなく縁故採用にも無縁だったA氏にとって困難を極めた。それでも月日は刻々と過ぎ、卒業を迎え、彼は専門学校生から「学卒無業者」という肩書に変わった。卒業式後も年度末までは隔日ごとに個別就職指導を継続した。都合10回程度(10回×30分＝300分)の個別面談であったが、公務員になった同級生から取り残されてしまった分、

自分で何とか活動していかなければという自覚と、自己の職業キャリアが（公務員以外に）絞り込まれたことによる覚悟が芽生え始めていた。

2）卒業後の状況

　新規卒業後、約1カ月間の不安定な無業状態を過ごした後、とりあえず派遣社員として深夜勤務の仕事に就いた。しかし、人間関係での折り合いが悪く2週間程で自主退職をした。次の契約社員としてのこの仕事も待遇面での不満などから10カ月ほどで自主退職した。そして、現在は姉の紹介により得た契約社員の仕事に従事している。また、一人暮らしができるほどの精神的な自立もできておらず、（月々3万円を親に納めつつ）姉と一緒に実家から通勤する日々を過ごしている。こうした意識は、どのようにして生まれたのだろうか。A氏は社会人になった今、過去を次のように振り返ることで自省するようになっていた。

　「専門学校にいた頃はやっぱり楽だったんですけれど。社会人になってみたら、しんどいし。あと、人間関係も、いろいろな人がいたし。自分は精神的に強くなったと思います。これまでは、ちょっと言われただけで、すぐにしょげてしまうところがあったんですけれど。いろんな人間と関わってきて、だんだん人との付き合い方が分かってきたと思います。公務員は二年間やってダメで、んー、何か疲れた。いまは働いているし、もういいかなと思います。……（中略）……あんまり、今後っていうのは鮮明にはないですけど。いまが必死なんで、そこまで考えてないです。プライベートでは、まぁ、五年後くらいまでには結婚をしたいです。それ以外は、頭にないです。仕事から帰ってクタクタになるので、やっぱりゆとりがないというか。あと……、自分の先がない、というか。」(傍線筆者)　　　　　　　　　　　　　　　　　　　　　　(2008.04.20)

　こうした自己成長を感じさせる発言をした直後、さらに、もう一度転職を経験した。転職後の2カ月の間で、A氏の働くことに対する意識はさらに変わっていった。

「なんて言うんですかね〜。働くのは、しんどいし、嫌だけど、やるしかない。お金を稼いで結婚もしたいですし、今度のところは社会保険も加入してるし、『安定』もしているので、続きそうだと思います。だから、前の会社の時よりも……分からないっすけど、何となく将来が見えてきたというか。」

(2008.06.30)

事例1では、引きこもりの状態から失敗経験を経てなお、厳しい現実から抜け出せないなかで格闘するA氏は、自分自身と向き合うことで前向きな意識を向上させていった。

(2) 事例2——軽度の身体障害をもつB氏の受験失敗を契機とした意識変化
1) 生い立ち（過去の挫折経験〜公務員試験の失敗）

父親が飲食業を営む家庭に次男として育ったB氏は、生まれつき、右手に先天性障害をもち、小学4年から高校時代まで球技を続けたものの、レギュラーにはなれず、常に裏方としてベンチを温めてきた苦労人である。高校卒業を目前にして、自分と同じように障害をもつ市民の役に立ちたいという一心で、福祉課の市職員を目指して、公務員養成専門学校に入学してきた。

入学当初から、（秋以降に試験が集中する）事務職系の公務員のみに目標を絞っていたため、モチベーションのコントロールが上手く図れず、成績は伸び悩んだ。一次試験を突破したのは、外勤の多い事務職一つのみであったが、二次面接試験では手の障害がネックとなり、最終的に不合格となった。民間就職転向後、卒業式まで残り1カ月という状況下で、専門学校内の就職課の斡旋により大手の機械メーカーの障害者枠（勤続2年目までは契約社員、3年目以降は正社員という条件付き）での追加募集で内定を獲得することができた。棚牡丹の状態であった彼は「公務員試験に受かっていたら、いまの自分はなかった」とまで言い、公務員試験での失敗経験を成功要因と捉える素早い意識転換をしていた（傍線筆者）。

2) 卒業後の状況

「高校の時にも、みんながどんどん就職していく中で取り残されている感があったから。専門学校の時は『受けなきゃ、あるとこ、受けなきゃ』と。焦りはなかったですけど、とりあえず、受験可能なものを受けていって、『周りは周り、自分は自分』って考えないと、<u>また病んでしまう</u>と思ったんで。まぁ、ここは親も納得してくれているので、定年まで働くつもりです。公務員に対する興味も全くいまはないです。まだ二年目ですので、一日一日を一生懸命に働き、同じチームの人達を目標にして早く追いつきたいです。できれば、5〜10年後くらいまでに結婚もしたいです。」(傍線筆者)　　　　　　　(2008. 10. 17)

事例2からは、これまで失敗の原因を障害に求めがちなB氏であったが、幾度かの挫折経験をするなか、自身で障害のあることを受け入れるに至った。結果的に障害者枠で就職試験の受験を決意し、内定を掴むことができた。ここでは、ありのままの自分と向き合う機会がもてたことにより、障害者として力強く生きる自覚をもち活路を見出した。

(3) 事例3——親の支援を受け続けてきたC氏の受験失敗を契機とした意識変化
1) 生い立ち(過去の挫折経験〜公務員試験の失敗)

両親が共働きである家庭に長男として育ったC氏は、中学3年の夏、三者面談でクラス担任から「進学できる高校がない」というショッキングな一言を浴びせられ、その後、両親からのスパルタ教育を受け、強制的に塾通いの日々を強いられた経験をもつ。もともと学習嫌いだったC氏は、普通高校に進学後も気楽な生活を過ごし、交番勤務の警察官に憧れて公務員養成専門学校に入学してきた。

入学当時から、成績は低迷の一途を続け、すべての公務員試験(一次試験)に失敗した。しかし、自分の進路選択について特別焦る様子もなく、次年度の公務員試験の再受験を目指すか、あるいは、民間就職に転向するかについての決断を下したのも卒業3カ月前にしてであった。民間就職転向に決断した後も、結局、<u>自力で就職が決められず</u>、正社員として勤める母親の勤務先の子会社に縁故採用という形で就職が決まった。自分の人生を大きく決定づける就職という場面においても、母親に依存する形となったC氏は、両親への申し訳なさを感じながらも、

自分の置かれた利を率直に受け入れることで就業意識を高めていった。(傍線筆者)

2）卒業後の状況

新規卒業後、契約社員として働き始めたＣ氏は委託者という立場での２年間の現場経験を経て、会社都合の異動命令により、現在は事務所内での内勤業務に従事している。勤続３年目になるが、いまだＤランク（Ａ～Ｄランクの４段階のなかで最下位）のまま正社員になる見込みもなく、時給1,300円（保険加入あり・賞与なし）の生活を続けている。一人暮らしができるほどの経済的余裕もなく、月５万円を親に納めるという条件付きで実家から通勤をさせてもらう日々である。

「社会人になって成長したとは思いますよ。（学生時代のように）ちょっとした風邪や行きたくないというのでは簡単に休めないな、と。でも、勉強になったかな、と。いかに学生時代が甘かったかということを。かといって、公務員への興味は全くないですね。将来のことは、一年先まで。その後は、まだ考えられないですね。だって、日々成長じゃないですかー。それは、分かんないじゃないですか。やっぱり、経たないと。まずは、最低条件が社員になること、それを越えないことには。だって、人のことなんてかばっていられないですからね。自分のことで一杯、一杯ですよ。……（中略）……もうちょっと、心にゆとりのある大きい人になりたい、今は全くないですからね～。あと、最終的に結婚とかもしたいですね。」 (2008.04.20)

「親にもよく言われるんですけれど、『なんで、もっと周りの人のことに関心を持たないの』って。でも、どうしようもないですし、考えたくもないっていうか、あまり考えないようにしています。だって、先のことばかり考えても、思い通りにいかないんだから深く考えてもしょうがない。どう直せばよいかも分かりませんし。」(傍線筆者) (2008.08.23)

事例３からは、過去の挫折経験からの断絶だけではなく、置かれている状況を

実直に受容することで、必要以上に判断に迷わずにすむ状況が構築され、その環境変化がキャリア形成場面に顕在化しやすい側面がうかがえた。

2. 考 察

以上、三者の語りのなかから個人の生活史への接近を試みながら、彼らの内面に潜んでいる問題意識やつまずきについて検討してきた。一般に、ノンエリート階層ではC氏のように挫折経験が競争意識を冷却させ、自己への関心度を下げているといわれるが、A氏やB氏のように過去を顧み、自己成長を感じながらキャリア意識を高めていこうとする側面もみられた。A氏では挫折経験が自分自身を振り返るきっかけになるという「自己反省」の側面がみられ、B氏では障害者である自分自身と向き合う「自己受容」の側面がみられた。反面、C氏の場合、過去と距離を置き「ドリフト」状態にすることで自己キャリアが鮮明になることが示された。

これらをふまえ、語られた内容をもとに、三者に対する注目から「ノンエリート階層下位グループ」という集団のもつ意識へと視点の枠組みを広げながら、語りの内容の共通点を括り出した。その結果、前章で取り上げた三人の男性の専門学校卒業後の労働と生活の状況から次の三点がみえてきた。

第一に、家庭が経済的に困窮しているわけでもないが、自分の望む仕事（公務員）に就くために必要な教育を貪欲に受けていくという自己探究心が欠如していることであった。三人とも、定職に就いている現在、公務員進路には全く未練をもっていなかった。「精神的な問題（A氏）」・「身体的な問題（B氏）」・「親への依存の問題（C氏）」等の各々における自覚的な原因によって挫折を繰り返しつつも、「いまは働いているので、いいかな（A氏）」・「全くいまはない（B氏）」・「興味は全くない（C氏）」と公務員に対する強い執着心はみられない。そこでは、「かつての自分」を振り返って自己否定をするのではなく、「過去の自分」を「いまの自分」と完全に分断し、現況の自分を正当化しているようにさえ感じられた。そればかりか、「よく分からない（A氏）」・「どうしようもない（C氏）」のように自己正当化といえるほど強いものではなかった。すなわち、挫折経験を繰り返したことに

よる焦りでも諦めでもなく、ただ、社会における自己の存在価値確保のための模索が繰り返されているように思われた。将来の自己キャリアに対して「頭にない（A氏）」・「考えたくもない（C氏）」という発言は、宮本［2002：74］が指摘する「上の世代との間の隔たりを意識し、局外者の立場に身を置き、メインストリートに入っていくことを望まなくなっていく」という新しいモラトリアムの考え方に近い意識であったと思われる。

　第二に、自分自身の不透明な職業キャリアに対して深く思考するゆとりをもっていないことである。「よく分からないけど、何となく見えてきた（A氏）」・「余裕がない（B氏）」「思い通りにいかないので、深く考えてもしょうがない（C氏）」のように、自ら望む正社員の地位にあるわけでないにもかかわらず、焦りや憧れもみられない。かといって「どう直せばよいのか分からない（C氏）」・「とにかくやるしかない（A氏）」のように、解決の糸口さえ見つけられていない状況のままである。そこでは、「自分のことで精一杯（C氏）」になりながらも、必ずしも自ら求めた道ではないにしろ、「一日一日を一生懸命に働き（B氏）」、「今を必死に（A氏）」に生きようとする姿がみてとれた。公務員進路とは異なり、安定という部分で必ずしも自分の職業キャリアを鮮明に抱かせてはくれない、現況から抜け出すために離職や転職をしたところで、正規の仕事どころか非正規の仕事に就けるかさえも保証はない実態がみられた。このように、肉体的にも精神的にも困憊した状態にありながらも、抜け出せない状況にある自分を、三者三様に「仕方がない（しょうがない）」という挫折経験の繰り返しからくる、自己なりの咀嚼（そしゃく）方法でオブラートに包み隠しながら、さらに深く自己追求していくことを抑止しているのである。その結果として、具体的な将来見通しが立たない不安定な自己キャリアに対峙しても、応急措置を講じずに「とりあえず」やり過ごせる状況が生まれている。

　第三に、自己のキャリア形成において、他者（親や家族）に依存する傾向が強く、自律的な判断や経験をする機会に乏しいことである。まず、三者とも一人暮らしをするほどの経済的自立ができておらず、実家から通勤する状況下に置かれていた。また、進路決定についても自律的に行えていなかった。A氏の場合、非正規の仕事を転々とした挙句、姉に斡旋してもらい、ようやく就職を決めている。B

氏の場合は、公募推薦という形で専門学校からの斡旋を受けている。Ｃ氏の場合も、母親の斡旋による縁故採用で現職に至っている。宮本［2002：76］の指摘の通り、親の家からの離家年齢の上昇、経済的自立時期の延期はモラトリアム化を進めている傾向がうかがえる。しかし、キャリア形成上、一見、不安定とも受け取られる彼らの就業状況は、親や家族に過度に依存する結果として、むしろ、がんじがらめの状態にあることが考えられる。というのも、「親が納得してくれている（Ｂ氏）」・「安定しているから（Ａ氏）」という形で自律的な決定をせずにすむことが、自己決定をする機会に乏しい彼らにとっても好都合な側面があるからである。Ｃ氏の「考えたくもない」・「あまり考えないようにしている」やＡ氏の「よく分からないけど、何となく見えてきた」という意識がその最たるものであろう。ただし、不安定かつ不透明な将来イメージのなかで、社会で生きていくことにリアリティーを持たせるための意味づけとして、三者とも漠然と「結婚」を意識しているといった背景事情がうかがえた。定型的なライフイベントをキャリア形成の柱に置く傾向こそが、まさに彼らの自主性や主体性の低さを表していると思われる。

　ここでみてきた下位グループの若者の生活や労働の不安定さに共通することは、必ずしも悲壮的ではないという点である。むしろ、以下の三つの安心感により、決して真正面から自分自身と向き合わない状況にある下位グループの内面的な実態を観察した。

　①過去からの断絶による安心感（第一の視点）
　②自己追求を抑制することからくる安心感（第二の視点）
　③他者に依存することによって自律的な判断を回避することからくる安心感
　　（第三の視点）

　選択の余地もなく半強制的に本意でも不本意でもない就業をした彼らは、挫折経験の繰り返しにより、満たされない状況下で安心感を得る結果、競争意識を低めていることが確認された。しかし、竹内［1995：186］が指摘する「高学歴ノンエリートよりも並学歴ノンエリートの方が、同期意識が極めて高く、共同幻想に

あることで競争意欲を冷却させ、満足しようとする傾向にある」と同様の傾向がみられた反面、公務員（就職）試験に失敗した下位グループでは満足感を自ら得ようとする積極性はみられなかった。むしろ、挫折の繰り返しにより、満足できない自分を「しょうがないもの」と受け入れる姿がみてとれた。すなわち、試験不合格による挫折経験の繰り返しが厳しい現実を彼らに突きつけ、そのことが彼らをいち早く次のキャリアステージへと切り替えさせていた。その背景には、競争意欲やライバル意識の低下（第一の視点）が、どうにもならない自分を受け入れやすくし（第二の視点）、こだわりの少ない意識が醸成されるとともに彼らを充足状態に導いているのであった（第三の視点）。こうした意識転換の堅実さこそが、公務員進路内定という確固たるものが得られないノンエリート階層下位グループのキャリア形成の起点になる可能性がみられた。

　上記の考察より、大きな意識転換を迫られるなかでも、ノンエリート階層の者たちが段階的かつ慎重に判断していけるような教育実践として、公務員養成分野にキャリア教育を積極的に導入していく方向性は望ましいと考えられる。

おわりに

　近年盛んである「なりたい職業」を追求させる教育は、目指した目標に見合う結果が得られる場合とそうでない場合のキャリア形成に対する意識格差を広げているということを本稿の問題意識として、学歴競争と職業獲得競争の二ステージで失敗を重ねた若者たちの主観的なキャリア形成過程に着目した、パーソナル・ライフヒストリー分析を行い考察してきた。本研究は限られた事例分析であり、それゆえ一般化するには限界があるが、以下のような知見を析出することができる。

　それはまず、ノンエリート公務員志望者全体に占める公務員進路未内定者の割合は必ずしも多くはないが、彼らは自力で状況を打開する術を見出せていないばかりか、将来の自己キャリアと真正面から向き合う機会をもっていない現実が明らかにされたことである。換言すれば、職業獲得競争という再チャンレンジのステージにおいても挫折経験を繰り返した結果として、消去法的な絞り込みによる自己なりの「安心感」を得やすい状況が下位グループに共通してみられたという

ことである。一様にみられた「しょうがない」という意識の背後には、心のゆとりのなさが、十分な思慮を伴わない充足状態へと急がせ、自律的な判断をする機会を減らしている状況が考えられた。下位グループではこのような「安心感」の獲得によって自己追求が阻害されるという問題が覆い隠されている可能性があり、さらなる詳細な検討が必要である。

　先行き不透明な社会のなかで、自信を失ったり、働くことをあきらめる若者たちに対する政府の再チャレンジ支援という雇用対策の強化に加えて、自己のキャリアを見つめ直したり、真正面から自分と向き合えるような真のゆとりをもたせるような教育改善を推進することが、挫折を繰り返す者へのセーフティー・ネットとしても重要である。その意味において、本稿で取り上げた公務員養成現場における多面的な学習指導という課題に対しては、学生と教員の双方間で改善・改良の余地は残されていよう。

　最後に、本研究に関する今後の課題として、三人の対象者に絞り込んだ理論的考察について、下位グループ全般に一般化できるか否かの跡づけ作業をすることである。併せて、大卒公務員を目指す者で挫折をする場合や公務員以外の就職試験などで失敗を繰り返す場合のキャリア形成意識への影響面との比較も、下位グループの置かれている状況を厳密に捉える上では重要である。未解明な部分の多い下位グループの実態をより深く追究するために、家庭環境の問題やジェンダーの視点も含めながら、より多角的かつ精緻な追跡調査を経て検討する必要がある。ことに、ノンエリート階層における社会的矛盾の問題を教育不平等の問題として取り込み、その対応策として、公務員養成分野のように試験結果の合否により大きな代償を背負わざるを得なくなる状況への緩和策として、公務員養成教育内でのキャリア指導の在り方を再考せねばなるまい。筆者の今後の課題としたい。

　〈**謝辞**〉本稿を作成するにあたり、筆者の元教え子であるA氏〜C氏の三氏には数回にわたるインタビュー調査依頼を快く引き受けて下さり、また、過去の傷心に接触するような質問に対しても、本研究の意図をご理解の上、率直にお答えいただいた。ここに記して感謝を申し上げたい。

〔注〕

(1) 高卒公務員を目指す公務員養成専門学校（専門課程）における卒業無業者は、筆者自身の実務経験上の感覚では1～2％程度（2004～2006年平均）であり、絶対数は多くない。しかし、大卒者を対象としたJIL［2001］の同視点からの調査によれば、学生時代に民間就職と公務員試験の二足の草鞋で受験した者は、非正規雇用者になる割合が正規雇用者になる割合の2倍以上（男性で2.21倍、女性で2.48倍）になるという結果が報告されている（56頁）。

(2) 『公務員白書（人事院）』の一般職の任用状況調査の公開データを用いて集計し直したところ、直近4年間（平成15～18年度）の公務員の年代別離職率｛離職者数／（離職者数＋在職者数）｝は、19歳以下で5.51％、20-24歳で5.22％、25-29歳で4.45％、30-34歳で2.75歳となる。山本［2007］でも同様の分析をしており、10歳代後半～20歳代前半の若手公務員で近年逓増傾向にあるという（23頁）。その一因として、中級職以下のノンエリート公務員志望者の間では、3割程度しか第一志望の本命公務員に就けていないという現実があげられる［中嶌 2008a］。

(3) 公務員としての法的な身分保障については、地方公務員法第27条第22項によれば「同法または条例で定める事由に該当しなければ、地方公務員は分限処分（降任・免職・休職・降給）を受けない」とある。同法第3条でも「同法で定める事由に該当しなければ懲戒処分は受けない」とある。また、JIL［2001］では、新規学卒就職者の正社員（公務員）勤務先への定着状況について調べている。最もリスクの高い「何の見通しもない離職」については、男性離職者の約4割、女性離職者の約5割に相当し、とくに高校中退学歴と大学・大学院卒に多いという（50頁）。この結果は本研究の着眼点の重要性を跡づけるものといえるだろう。

(4) 鈴木［2007］では、日本の学生の安定志向の延長線上に公務員志向があると位置づけることから浮かび上がる問題点として、①主体的な進路選択ではない場合が多いこと、②面接回数など実践経験の少なさからくる自己分析の甘さなどを指摘する。その結果として、職業進路における自由度を低めているという。

(5) ノンエリート階層のグループ分けについては、便宜上、中級職以下の公務員試験での第一志望公務員合格者の群を「上位グループ」、同試験の第二志望以下の公務員合格者の群を「中位グループ」、そして、同試験の未内定者と早期退職者の群を、「下位グループ」として位置づけている。また、JIL［2001］では、労働市場における［典型労働／非典型労働］と［男性／女性］という階層的対構造が、相互に重なり合っており、［典型労働／男性］［非典型労働／女性］の組み合わせが労働力人口の中の大きな比率を占める中、［非典型／男性］［非典型／（未婚）女性］という新しいカテゴリーをキャリアの展開可能性の観点から、若年者下位グループとして位置づけ、分析を行っている（163頁）。

(6) 本稿では、公務員試験の採用区分が大卒公務員以外（高卒・短大卒区分）で入職した公務員のことをノンエリート公務員とよぶ。具体的には、初級・中級レベルの地方公務員や国家Ⅲ種（一般行政事務・税務）レベルの国家公務員、あるいは自衛官（一般曹

候補学生・曹候補士・二等陸海空士）などの特別職の国家公務員のことを指す。
(7) 受験勉強期間や在学期間が長期化する分、リスクヘッジのために民間就職との併願率が高まると考えられる大卒公務員志望者に比べ、短期決戦型の高卒公務員志望者では併願率は高くないと思われる。たとえば、全日制の公務員養成専門学校（通常は二年制）では教育カリキュラム上、その年度内で受験可能な公務員試験がなくなるまで公務員に照準を置くのが通例となっているため、公務員養成専門学校に通学しながら高卒公務員を目指す者の併願率はかなり低いのが実情であろう。
(8) わが国におけるライフヒストリー研究の先駆的存在の一人である中野［1981］によれば、たとえ一個人の分析によってでも、その人の生きた社会の現実についての社会学的知識を深め拡げる契機はつかめ得るという。また、教育の社会学の分野では、Antikainen *et al*. [1996] が、フィンランドにおける生涯学習の実態把握に一個人に対して、ライフヒストリー手法を用いた分析を行っている。
(9) 筆者が推計した**表2**は、職業キャリアに関する自覚意識の程度を示す「職業キャリア意識ダミー」および「職業キャリア意識度（5ランクデータ）」をそれぞれ被説明変数とし、説明変数に①基本属性、②公務員養成教育への適合性、③公務員進路に関するスタンス、の3カテゴリーからの変数を用いて、プロビット推計および順序プロビット推計した結果である。使用データは、推計A・Bは公務員養成専門学校の学生（N=205）のものであり、推計C・Dは同校出身の現役公務員（N=114）のものである［中嶌 2008b］。
(10) 『若手公務員のキャリア意識調査（2008年7～9月）』は、19～35歳までの東京都内および関西圏（2府5県）の市役所・区役所等の若手職員（N=1435）を対象に行った質問紙調査である。そのなかで、公務員進路選択時に「とりあえず公務員になれればよいという意識があったか」という設問に対し、「あった」、「少しあった」と回答した者の割合は、大卒公務員28.0％、高卒公務員37.1％であり、学歴区分が低いほど当該志向性が強くなった。さらに、スクーリング形態別でみた場合、「公務員専門学校（予備校）経験あり」の層でその差は拡大した（大卒公務員28.1％、高卒公務員51.3％）。
(11) 半構造化インタビューのうち同一刺激が複数のインタビュイーに与える影響の違いを観察する方法を、focused interview（焦点を合わせたインタビュー）といい、量的研究で得られた知見を解釈する根拠を得る目的で使用される［Merton and Kendall 1946］。本稿でも同様のアプローチをとっている。
(12) 個人に焦点を当てた、微細にわたる事柄の聞き取り調査結果の記述・公表の許可についてはA氏（2008年6月30日）、B氏（2008年10月17日）、C氏（2008年9月23日）のそれぞれ本人から直接承諾を得ることで、倫理的側面に配慮した。
(13) 振り返りシートとは、面接試験対策用の練習用シートのことである。「過去の出来事」の振り返りから「志望動機」・「自己PR」に至るまで、自己認識のために用いるものである。本稿では、主に第1節における事例1～3の「生い立ち」の箇所で引用している。
(14) 『第1回子ども生活実態調査報告書［2005］』では、小学4年生～高校2年生14,841人を対象に、「働く意識」の調査を実施しており、なりたい職業を追及できない若者に共

通する問題として、働く意欲の低さに加え、多様な仕事のイメージが乏しい点を指摘する。

〔引用・参考文献〕

Antikainen, Ari *et.al* 1996, "Living in a learning society:Life-Histories," *Identities and Education,* Falmer Press.
ウヴェ・フリック 2002、(小田博志・山本則子・春日常・宮地尚子訳)『質的研究入門―〈人間の科学〉のための方法論』春秋社。
Benesse 教育研究開発センター 2005、『第1回子ども生活実態調査報告書』Benesse 教育研究開発センター。
玄田有史・曲沼美恵 2006、『ニート フリーターでもなく失業者でもなく』幻冬舎文庫。
Gronau, R. 1988, "Sex-related wage differentials and women's interrupted labor careers-the chicken or the egg," *Journal of Labor Economics*, 6, pp.277-301.
Groot, Loek F.M., Joop J. Schippers and Jacques J. Siegers 1990, "The effect of unemployment, temporary withdrawals and part-time work on workers'wage rates," *European Sociological Review*, Vol.6, No.3, pp.257-273.
Howard S. Becker 2002, "The Life History and the Scientific Mosaic," *Qualitative Research Methods*, Blackwell Publishers, pp.79-87.
堀有喜衣 2004、「無業の若者のソーシャル・ネットワークの実態と支援の課題」『日本労働研究雑誌』第533号、38-48頁。
人事院編 2007、『平成19年度公務員白書』。
小杉礼子・堀有喜衣 2003、『学校から職業への移行を支援する諸機関へのヒアリング調査結果―日本における NEET 問題の所在と対応』JIL ディスカッションペーパー。
小杉礼子 2004、「若年無業者増加の実態と背景」『日本労働研究雑誌』第533号、4-16頁。
Mincer, J. and Ofek, H. 1982, "Interrupted Work Careers: Depreciation and Restoration of Human Capital," *Journal of Human Resources*, 17, pp.277-301.
三谷直紀 2001、「長期不況と若年失業―入職経路依存症について」『国民経済雑誌』第5号、45-62頁。
Merton. R.K. and Kendall P.L., 1946, "The focused Interview," *American Journal of Sociology,* 51, pp.541-557.
宮本みち子 2002、『若者が《社会的弱者》に転落する』洋泉社。
中嶌剛 2008a、「中級職以下の公務員進路選択者からみるキャリア意識萌芽の実態」『労働社会学研究』第9号、95-139頁。
中嶌剛 2008b、「若手公務員の職業キャリア意識―キャリア意識形成要因の推計と主要因の効果測定」『神戸国際大学紀要』第75号、35-49頁。
中野卓 1981、「個人の社会学的調査研究について」『社会学評論』第125号、2-12頁。
中野卓・桜井厚編 1995、『ライフヒストリーの社会学』弘文堂。
日本労働研究機構(JIL) 1992、「高校退学者の就業の実態と意識―「青年期の進路変更と

キャリア形成に関する調査」報告書』『JIL調査研究報告書』第22号。
日本労働研究機構（JIL） 1999、『高等教育と職業に関する日欧比較調査・日本調査』。
日本労働研究機構（JIL） 2001、「大都市の若者の就業行動と意識―広がるフリーターの経験と共感」『JIL調査研究報告書』第146号。
労働政策研究・研修機構 2004、「移行の危機にある若者の実像―無業・フリーターの若者へのインタビュー調査（中間報告）」『労働政策研究報告書』第6号。
鈴木哲也 2007、「大学生の職業意識と公務員志向」『高知女子大学文化論叢』第9号、35-49頁。
高橋陽子・玄田有史 2004、「中学卒・高校中退と労働市場」『社會科學研究』第55巻第2号、29-49頁。
竹内洋 1995、『日本のメリトクラシー 構造と心性』東京大学出版会。
UFJ総合研究所 2004、『若年者キャリア支援研究会報告書―データ編―』31-39頁。
山本直治 2007、『公務員、辞めたらどうする？』PHP新書。
吉谷二郎 1993、「新規中卒者の労働市場」『日本労働研究雑誌』第405号、44-48頁。
吉田恵子 2007、「専門学校における職業教育効果の分析」『桃山学院大学経済経営論集』第48巻第4号、57-77頁。

投稿論文

〈Abstract〉

A Study on Career Consciousness of Young Non-elite: Focusing on the Effect of Failure on the Elementary Public Servant Employment Examination

Tsuyoshi Nakashima
(Toyo Eiwa University)

Recently, education to help students obtain the kind of occupation they desire has been actively carried out at institutions of higher education in Japan. However, this education has produced unfavorable consequences in the case of students who are unable to accomplish the intended objective, thereby creating differences in perception of employment among students in general.

The main purpose of this paper is to clarify the process of consciousness formation on the part of students who fail the public servant employment examination ——an entrance to the labor market——, as well as the impact which the failure has on the students' subsequent formation of career consciousness.

Most of all, with "how career consciousness is formed in a situation where a pursued goal is not attained" posed as a research question, analysis of career consciousness among non-elite who are at the threshold of the labor market was made on the basis of analysis of independent behavior of an individual.

Analysis was made of personal life histories of three males graduate of a vocational school for future public servants who experienced failure in a heavily educational background-oriented world and in an occupation race. A series of interviews was conducted with them along the way. The study makes it clear that among lower non-elite there is a tendency to form their career consciousness through the disconnection from the past, while looking ahead to the future with vague notions of "stability" and "security."

The study concludes that independent activities by lower non-elite are nullified in a vague, uncertain social structure created in their minds as a consequence of their failures. On the other hand, each enlightenment through such an activities is based to their career formation.

〈利用者の死に対処する〉ということ
――命をめぐる介護職経験の社会学的考察――

三橋　弘次
(目白大学短期大学部)

1. 問題の所在

　2006年4月より改正介護保険制度が施行された。その中で、介護老人福祉施設(特別養護老人ホーム)での介護報酬に、いわゆる「看取り加算」が付け加えられた。こうして一定の看取り体制の確保によって「看取り加算」の給付が受けられるようにすることで、非医療組織として位置づけられてきた介護老人福祉施設においても、公にターミナルケア(終末期の看取り)が促されることになった。

　このようにして、近年、介護老人福祉施設での「死」がクローズアップされつつあるとはいえ、実際には、施設は変わらず、重度の要介護高齢者の暮らす「生活の場」であるため、「看取り加算」の創設以前から、ターミナルケアを含む利用者の死の問題を呈している[宮原 1999；塚原・宮原 2001]。具体的には、非医療組織という位置づけとはいえ、今日、介護老人福祉施設は多くの利用者にとって「終の棲家」となっており[渡邉 2005]、死を避けられない。だが、施設で中心となって働いているのは、生活支援を専門とする介護職である。彼ら／彼女らには、法律上「医療行為」が許されていない。一方で、施設では常勤医が義務づけられているわけではなく、看護職も数が限られており、その夜間勤務は義務ではない。確かに、介護職も医療職を呼ぶ時間がない緊急の場合に限って「医療行為」を行えることになっているものの、そうした行為を急遽実践できるほど介護職は医療措置の教育・訓練を受けていない。それゆえ、例えば介護老人福祉施設での利用者の死は病院でのそれと比較すると状態悪化から24時間以内の「突然死」が多いという報告[宮原 1999]があるように、介護職が利用者の死に逝くときに突然直面し、自ら医療的な対処をしなければならないことは容易ではないと推測できる。

投稿論文

こうした「死」をめぐる状況が、介護老人福祉施設にはあるのだ。

また、施設での利用者の死に関連した介護職の実態調査や意識調査でも、同様の示唆が読み取れる。例えば、人員の不足のために介護職がターミナルケアに取り組む余裕がない状況が報告されたり［立花 2006］、医療・看護体制の不備が介護職にとってターミナルケア実施の不安要因になっていることが指摘されたり［西川 2002］、他職者と比較して、介護職は利用者の看取りに不安を覚えていることが明らかにされたり［清水・柳原 2007；和田 2007］、あるいは、たとえ介護職が看取りに積極的であっても、それはあくまでも病状がない——つまり「穏やかな死である」——という条件付きであることが示されたり［柳原・柄澤 2003］している。つまり、どうやら施設介護職にとって、利用者の死に逝く瞬間に偶然居合わせ、自分が医療的な処置を施すことは難しく、そのことが不安の原因となっているようである。

しかし残念なことに、そうした既存研究では、生活支援を専門とし、施設の労働者の圧倒的マジョリティを形成する介護職にとって、利用者の死に逝く過程で医療的な対処をしなければならないことがいかなる経験なのか、もし困難な経験なのであればどのように困難なのか、十分明らかにされていない。そもそも「医療行為」を普段は法的に許されていない介護職にとって、利用者の死に際に、緊急に必要だからといって、それを実践することは当然困難で、不安に思うのは自明なのだから、それ以上の検討は要さないという主張も理解できなくはない。だが、介護老人福祉施設でもターミナルケアが公に促されるようになった今日、もし介護職にとって死に対処することが本当に困難な経験であるならば、どのように困難であるのか、さらに介護職個々人のそうした困難経験がどのような制度的な問題を反映したものであるのか、より良い政策提言／改善に結びつけていくためにも、やはり知る必要があるだろう。現時点では、介護職個々人の経験が十分考慮に入れられないまま、施設におけるターミナルケアの実施が、政府の政策（つまり「看取り加算」の創設）というトップダウンの形で推し進められてしまっているのである。

こうした動向を踏まえて、本研究は、利用者の死（あるいはより正確には死に逝く過程）に医療的な対処をしようとすることが、介護職にとっていかなる経験

〈利用者の死に対処する〉ということ

なのか、相互行為の位相に照準して経験的に明らかにすることを目的とする。そのうえで、そうした経験がいかなる制度的問題を反映したものであるかを考察する[8]。

なお、本研究では、〈利用者の死に医療的な対処をする〉という経験をあえて狭く捉え、利用者の死に逝く瞬間に偶然遭遇し、自分が緊急に医療的な対処を求められた事例に焦点化してその経験を明らかにしたい。というのも、これこそ、通常「医療行為」が認められておらず、その教育・訓練もほとんど受けていない介護職の眼前に、緊急ならば「医療行為」をしてよいという、言葉は悪いが「ご都合主義的なルール」の存在が介護職によって最も明確に経験される瞬間だと考えられるからである。また、一人の人の命に自分が独力で向き合わなければならなくなってしまったそのときが、介護職がまさに介護職としての自分の置かれている制度的な現実にぶつかる最もわかりやすい瞬間とも考えられるからである。

最後に、強調しておきたいのだが、本研究は、ターミナルケア（あるいは政府が進める介護老人福祉施設におけるターミナルケアの実施という動き）に焦点を当てているわけではない。本研究を学術的に位置づけるとするならば、施設におけるターミナルケアの是非やそれに関する政策提言をするためにも必要となるだろう、社会学的な基礎研究である。介護職の経験を看過して、良い提言が可能だとは思われない。まずは、利用者の死に際に直面し、自ら医療的な対処をするという介護職経験がいかなるものなのか詳細に知らなくてはならないだろう。この意味で、本研究には基礎研究としての意義があるといえよう[9]。

2. データ

本節では分析に用いる事例データについて説明しておく。データは、2004年10月から05年6月にかけて首都圏で行った、介護職の従事者・経験者への直接面接方式による準構造的なインタビュー調査をもとにしている。本調査は、利用者の死に対処する介護職の経験に焦点を当てたものではなく、介護職の労働経験や職業観を調べることから介護労働の制度化のありようを広く見出すことを目的としたものであった。全ての聞き取りはまず対象者属性を尋ねることから始め、次に介護職選択の動機・経緯、職歴とそれぞれの職務内容を確認し、介護職の職業

としての経済的、精神的報酬について、介護職の専門性に関する考えと実際の職務遂行のありようについて、労働としての介護、福祉の意味について、それぞれ自由に語ってもらった。インタビュー開始時に、この順序で話を聞くことを先に伝えることにより（紙で指し示した）、インタビューの構造を統制した。各聞き取りは1時間から2時間半、承諾を得て録音し、後日書き起こした。

　本調査では対象者を介護職従事者・経験者（つまり有償労働者）とし、高齢者の介護に限定し、ボランティア（無償労働）での介護ならびに家族介護のみの経験者を除外した。また、対象者を「従事者または経験者」とすることで、調査時点で介護職に従事していなかった対象者もあえて含んだ。経験者を含んだ理由は、継続的に介護職に従事できている従事者の語りだけでは、語られる経験に偏りが生じうると考えたからである。具体的に、そもそも継続的に介護職に従事している人は、不満こそあれ、（肉体的かつ精神的に）それに従事できている人であり、介護職のもつ肯定的な側面を表しがちであると考えられる。その意味で、調査時点で介護職に従事していない経験者を含めることには意義があると判断した。このように対象者を事前に限定し、調査の目的を知り合いの介護職に伝え、そのツテから協力者を募った。1人目の協力者から、次の紹介者を得る形で、調査は、新しい対象者から新しい情報を得ることができなくなるまで続けた。このような雪だるま式の抽出方法によって、25ケース（調査時点で25歳〜66歳の女性23名、男性2名）に聞き取りを行うことができた。対象者のほとんどが複数種類の／複数ヶ所で介護職を経験しており、そうした経験は例外を除き見事に2つのパターンに分けられた[10]。

　このように、データは2006年の「看取り加算」創設以前のものではあるが、介護職にとって利用者の死に医療的な対処をするという経験がどのようなものなのか、明らかにすることを目的とした基礎研究には十分なものと考えられる。というのも、「看取り加算」創設以後、介護職の職業制度や介護職の施設における労働のありようが大きく変化したという報告はほとんど見られないからである。

　以下では、2つの事例（AさんとBさん）を見ていく。これら2つの事例を選んだ理由は、少なくとも、筆者が行ったインタビュー調査では、利用者の死に逝く瞬間に偶然遭遇し、緊急に医療的な対処を求められる状況に陥ったことを語って

〈利用者の死に対処する〉ということ

くれた対象者は、AさんとBさんだけだったからである。とはいえ、先行研究[柳原・柄澤 2003；清水・柳原 2007]でも施設職員の過半数が看取り経験があると答えているように、筆者がインタビューした施設で働いた経験をもつ介護職の多くも、施設では何らかの形で利用者の死に逝く過程へのかかわりを経験していた。つまり、利用者の死は、介護老人福祉施設の日常の一部を構成していることがわかる。ただし、たくさんの職員（特に看護職）がいる昼間に起きたため自分自身は直接対処せずに済んでいたり、「ターミナル（終末、死が目前に迫っている状態）」の利用者の日常的なお世話をしつつも、実際の死は自分が勤務ではなかった時間帯に起こり、次の日出勤してみたら亡くなっていたりしたといい、そういった形で経験された死は、受け流すことが比較的簡単なようであった。

他方、AさんとBさんは、予期せず利用者の死に際に遭遇し、直接医療的な対処をしようとしたことを語ってくれた事例である。この場合、（例えば無駄な延命措置はしないという方針で「ターミナル」と宣告されているような特殊な場合と異なり）、緊急の蘇生がなされることになる。両事例では、利用者の死に逝く過程がどのように対処され、それがどのような経験として現出しているのだろうか。そして、そうした個人的な経験が、どのような制度的な問題を反映したものだと考えられるだろうか。

なお、AさんとBさんそれぞれにおいて、利用者の死の経験が語られた文脈は次の通りである。すなわち、属性と介護職選択の動機に続き、職歴を確認する中で、辞めた状況に関して、利用者の死に対処しなければならなかった経験が語られていた。とはいえ、利用者の死に際に直面し、自分が対処せざるをえなかった経験で辞めたと一足飛びに理解すべきではない。そのように仮説立てて、検証することは本研究の目的ではない。以下では、あくまでも事例データに即した理解を提示していきたいと思う。

3. 事例に見る〈利用者の死に対処する〉という経験

本節では、AさんとBさんが突如、医療的な対処をしなければならなくなった利用者の死という経験を見ていく。重要なことだが、AさんとBさんは、お互いに全くつながりをもたないし、出来事が起こった施設は異なる。これら2つの事

例から、介護職にとって利用者の死に逝く過程で医療的な対処をするということがどのような経験であるか見ていこう。

(1) Aさん[14]

　Aさんは、介護福祉士養成校を20歳代前半で卒業し、新卒寮母として就職した介護老人福祉施設に5年間勤務した。その経験を買われ、首都圏市部に新設された大型の従来型施設[15]の立ち上げに誘われて、その認知症棟の副主任という中間管理職に就く。そこで利用者の死に自ら対処しなければならない機会に遭遇する。

　Aさんは、それ以前に利用者の死を経験したことはあった。ただしそれらは、亡くなった利用者が「ターミナル」であると事前に知らされていたり、あるいは自分が当直ではない夜間帯に起こり、出勤したときにはすでに「事が済んでいた」りし、いずれにせよ予測できる範囲内のものであったという。だが、その出来事はそうではなかったという。

　それはAさんが新卒ヘルパーと共に夜勤をこなし、その夜勤明けの朝に起きたという。「全然ターミナルとは聞かされていな」かった利用者に突如起こったその出来事についての語りを、少し長いがそのまま引用しておこう。

　　なんか明け方に「妹が呼んでる」って言って、柵から足を出して。なんかちょっと普通じゃなかった。で、それからすごく元気になっちゃって、朝ごはんもペロっと食べて、自分で車椅子こいで。で、朝ごはん食べて、「トイレ行く？」って聞いたら「行く」って、自分で車椅子こいでトイレまで行って、でトイレに座って…。で、座るとき、なんか「痛い」とか言ったの。大丈夫かなぁ、と思って、あ、でもちゃんと座ってるから席を外して、戻ってきたらもう首がうなだれてて…。で、あわててかついでベッドに連れてって。で、新卒ヘルパーもいたから、新卒ヘルパーのほう向いて「すぐ、看護婦さん呼んで来て」って言って。見た瞬間やばかったから。でなんか、私もどうしていいかわかんなくて、とにかく声をかけるしかできなくて。下顎呼吸が始まっちゃって、クオ、クオ、始まっちゃって。で…、それを私は下顎呼吸してるってことも、わかんなかった。初めてで。後から冷静なって思い出したら、パクパクしてるのが、これは息が

止まる瞬間のサインだったんだって。なんであのとき、顎を上げてなかったんだろう、って自己呵責に襲われて…。

　この回想からわかる通り、この突然の出来事に関して、Ａさんは何が起きたのか後日ようやく把握することができた。確かに、Ａさんはその利用者に対して「大丈夫かなぁ」と何らかの異変を感じ取っていたようである。とはいえ、その時点では、バイタルサイン（血圧や体温、脈拍、呼吸状態など）のチェックはしなかった。そして、ほんの少しだけ席を外した間に、その利用者の状態が急変していたのである。Ａさんも「下顎呼吸」について「顎を上げ」るという対処法を含めて頭では知っていたが、それを実際初めて目の当たりにして「下顎呼吸」だと正確に把握できなかったし、まして適切な処置などできるはずもなかった。それでも、Ａさんは状況を把握できず、適切な医療的な処置をできなかった自分を責めたのである。

　さらに後日、Ａさんは、そのときの対処の仕方について、看護師や上司から相当咎められたという。看護師からは対処のミスについて「結構ガンガン言われ」、上司からは「圧力」がかかった。その後は、ターミナルだとわかっている利用者に対しても、「看護婦さんに〔ご飯を全然食べていないので〕『食べさせて』ってすごい言われたんだけど、食べないし」、「そこでまた同じこと起こるんじゃないかな」というような不安に襲われるようになったという。Ａさんはそれを周りに相談できなかった。そして、そんな出来事がありながら職務に追われて休みを取れない状況が続き、錯綜する否定的な感情は解消されることなく、職を辞した。辞める際には、看護職から「やっぱりあなたは〔夜勤がなく、医療的な対処を要することが格段に少ない〕デイ向きなんじゃない」と言われたという。[16]

(2) Ｂさん[17]

　Ｂさんは、20歳代前半で介護福祉士養成校を卒業後、新卒寮母として３年間介護老人福祉施設に勤務した。その経験を買われ、首都圏都市部に新設された中規模の従来型施設の立ち上げに誘われたという。そこではフロアー長という中間管理職に就き、「下の子〔Ｂさんの部下に当たる若い介護職〕」たちを教育しながら、

投稿論文

日々忙しく職務をこなしていた。

　そこで予期せず、利用者の死に自ら対処しなければならない機会に遭遇する。もちろん前の職場でも利用者の死を経験していたが、自らが急遽対処しなければならないといったものではなかった。だが、その出来事は、看護職のいない夜勤中に突然の状態悪化という形で起こったという。「救急車沙汰」[18]になってしまったというそのときの経験を、Ｂさんは、後悔の念などの錯綜する感情とともに、次のように回想している。

　　〔意識がなく心臓が止まってしまった利用者を見つけて〕救命措置したけど、だめだった…。すごい目の当たりにして、それで、もう、すごいね、自分がね、倒れるかと思うぐらいね、重くね、感じたの…。何ていうのかな…。心残りっていうのかな。私があのとき、たとえば、ベッドの上で心臓マッサージしちゃったの。でも、ほんとは、沈むじゃない。だから、床に寝かせなきゃいけないじゃない。だけど夜勤者なんてさ、２人か３人なのよ。で、男性をさ、２人で下ろすほど重いものはない。その前に心臓マッサージだと思うじゃない、人工呼吸なり…。

　この利用者の死について、医者からは「もうこれは心筋梗塞だから、何してもだめでした」と言われたという。しかし、医者からそう言われ、Ｂさんが誤った仕方で心臓マッサージをしてしまった対応が死の原因ではないことが明らかになった後も、「もっといいやり方があったんじゃないか」とＢさんは激しい後悔を覚え、自分を責めた。その一方で、救命講習を受けてから「私はもうだいぶ経ってるから…」という諦めに近い思いも吐露していた。介護職は、その場で正確に状態を把握し、処置できるだけの教育・訓練を十分に受けていないし、たとえ少しは学んでいたとしても、それを専門にしておらず、日常的に実践していなければ忘れてしまう現実がここから読み取れる。

　こうした後悔や自責の念、さらには若干の諦めに加えて、看護職から、利用者の肋骨まで折れていたこのときの対処の仕方について「散々言われ」たという。ただし、「いくら男性でも、もう年寄りだから」肋骨が折れたということは、Ｂ

さんにそれほど罪悪感を感じさせてはいないようだった。とはいえ、一緒にいた「下の子」を守るために全ての責めを自分が負ったという。また、「次に〔同じことが〕あったときにどうするか」という不安に襲われ、医者などの専門家にアドバイスを求め、それを若い介護職たちに「じゃああんたが〔同じ状況に〕直面したときにこうしてね」と伝えたくて「遅くまで〔残って〕記録を書いたり」したという。精神的にも、肉体的にもきつい状況ではあったが、多忙な業務に追われながらも、そうやってがんばってしまった。Ｂさんは錯綜する否定的な感情を解消できなかった。結局、「体に残ったの。背中が痛くなって。だから、心が対処しきれなくなっちゃって、体にでたの。素直だよね。だから、みんな体壊していくんだよ」と、Ｂさんは職を辞したのである。

4. 考　察

　繰り返すが、ＡさんとＢさんは全くつながりをもたない。出来事が起こった介護老人福祉施設も全くつながりをもたない。にもかかわらず、介護職にとって利用者の死に逝く過程に対処することについて、上記のように極めて類似した問題的な感情経験を示しているのである。しかしながら、ここで、これらの事例から「死に対処すること→離職」という単純な因果関係を読み取ってしまうことは避けるべきだ。それは肝心な点を見過ごさせる。すなわち、両事例において重要な類似点は結果ではなく、むしろそこに行き着く過程であり状況のほうであるという点。また、そこには決定的な差異もある点。これらを詳細に検討しない限り、ＡさんとＢさんが個人として経験した問題的な感情が、どのように制度的な問題を反映したものであるか、見えてこないように思われるのである。以下で詳細を見ていこう。

（1）類似点からの考察

　ＡさんとＢさんは、利用者の死に際に直面し、医療的な対処をすることについて、極めて類似した問題的な感情経験を示している。そして、ＡさんとＢさんからは、類似した結果（問題的な感情経験）だけでなく、その結果につながっていったと推測される複数の過程的、状況的な類似点が見て取れる。

まず、事例選択上、類似しているのは当然なのだが、ＡさんもＢさんも予期せず、利用者の死に逝く過程に遭遇し、自ら処置をしなければならなかったという状況について考えていこう。重度の要介護高齢者が暮らす「生活の場」である介護老人福祉施設では、利用者が亡くなることは施設の日常の一部を構成している。Ａさんは、ある利用者が亡くなるかもしれないと知らせてくれる予兆のことを「お告げ」と呼び、それがある場合が多いと語っていた。「お告げ」という言葉を使っていたのはＡさんだけだったが、この点は、インタビュー対象者の多くから聞かれた。予兆があれば、医療職に事前に相談することができる。他方、全く予兆なく利用者の死に逝く瞬間に遭遇した場合、時間帯にもよるが、自ら対処しなければならなくなる。日常的には許されていないのに、いきなり医療的な対処をしなければならないわけだから、そのことが介護職にとって衝撃的な経験となるのは、容易に理解できる。しかも、要介護高齢者が日常生活を送る「生活の場」という施設の性格上、利用者の普段の生活（のお世話）が忙しなくなされている中では、いきなり利用者の状態が急変するというのは、日常生活を支援する介護職にとって余計に不意に感じられるのではないだろうか。だとすれば、ＡさんとＢさんが何の予兆もなく突然その出来事に遭遇したこと自体に極度に動揺してしまったことも納得がいく。特にＢさんの場合、起きた時間帯が、看護師のいない夜間帯であったのである。そうした感情経験は、決して個人的なものではなく、要介護高齢者が日常生活を送る「生活の場」という施設の組織的性格、ならびにその日常生活を支えることを専門とされた介護職の職業的性格にある程度起因したものと考えられよう。

　次に、ＡさんとＢさんの類似点として、利用者が亡くなってしまい、そのために自分を厳しく責めている過程があったことが挙げられる。生活支援を専門としていて、医療的な対処は自分の専門外なのだから、仕方がない、というように２人とも完全に割り切れていないのである。データから読み取れる限りの推測をするならば、ＡさんもＢさんも介護場面で、緊急に必要となる医療的な知識を、制度上中途半端に学ばされていたことが、２人に大きな悔いを感じさせる結果となった可能性がある。Ａさんは「下顎呼吸」を実際に見たことがあったわけではないが、対処方法も含めて頭では知っていた。Ｂさんも「心臓マッサージ」を知って

いて、実際に適切なやり方ではなかったが実践しようとした。知っていたにもかかわらず、その知識を的確に活かせなかったために、利用者が亡くなってしまったという事実に2人とも心底打ちのめされたのではないだろうか。確かに、Bさんの場合、救命講習を受けてずいぶん時間が経っているからと諦めの感情が見られた一方で、自分の知識の不十分さのほうをより責めて、「次に…どうするか」もっと学ぼうとする姿も見て取れた。個人的な失敗経験というよりも、実際に使えるほどには医療的な教育・訓練を受けていない介護職の制度的なありようが、この激しい自責の感情経験に現れているように思われるのである。

　最後に、AさんとBさんが類似している点として、看護職や上司から心に傷が残るほど叱責されている過程が見られたことが挙げられる。たまたま容赦ない看護職や上司であったと言ってしまえばそうなのかもしれない。しかし、本来ならば医療的な処置を行うべきなのに（その場に居合わせなかったので）やらなかった看護職によって叱責されることの理不尽さを、興味深いことに、AさんもBさんも理不尽と感じていないようだった。少なくとも、そのような言及は一切なかった。ここから読み取れるのは、1つには、介護老人福祉施設では、24時間看護職が常駐しなくてよいという事実が2人によって、物分かりよく理解されていることではないだろうか。さらに、より重要な点として、「医療行為」については、看護職のほうが専門家であり、それについて指摘／叱責されても、介護職にはその指摘／叱責に対して言葉を返す「資格」がないという制度的な立場なのではないだろうか。特にBさんがその出来事があった後で専門家に医療的な対処について教えを請うているところから、そのことがわかるだろう。だから、いくら傍からは理不尽に見えても、叱責されるがままに耐えるしかなかったのではないだろうか。しかも、看護職が夜間にいてくれない施設のあり方を責めることもできるはずなのに、AさんもBさんも結局自分だけを責めてしまっていたのである。

　以上のように、予期せず利用者の死に逝くときに突然直面し、急遽自ら医療的な対処を求められることが介護職個々人を感情的に消耗させてしまうのは、AさんやBさんの個人的な問題なのではない。そうではなく、AさんやBさん、とどのつまりは介護職が職業者として置かれている組織制度的、職業制度的なありようが反映されたものではないかと強く疑われるのである。施設が「生活の場」で

投稿論文

あることを強調されれば強調されるほど、そして介護職が「医療行為」のできない生活支援の専門家であることを強調されれば強調されるほど、予期せず利用者の死に対処することが介護職には問題的な感情経験となって現れてきてしまうのではないだろうか。

(2) 差異からの考察

　AさんとBさんの〈利用者の死に対処する〉という経験には類似点だけでなく、看過できない差異も在る。この差異に着目すると、さらに別の、介護職が置かれている極めて矛盾した制度的な状況が見えてくる。

　では、看過できない差異とは何か。それは、Aさんは、利用者の死に逝くときに突然直面し、動揺して状況の把握が全くできず、結局、対処自体ができなかったのに対して、Bさんは状況を把握し、対処法を選択しながら、それを誤った形で実践してしまったことである。結果は、看護職による叱責という同じものになっている。換言すれば、状況把握ができず何もできないより、状況把握ができて誤った形でも何かをしたほうがましだ、ということは全くないということである。介護職は対処に失敗してしまえば、専門家でもないのに、対処をしてもしなくても叱責されうるという矛盾した立場にあることが読み取れるのである。

　なぜこうした矛盾が生じるのだろうか。それはおそらく、「医療行為」が通常、医療職に独占的なものとされているのに、緊急の場合だけ介護職にも許されるという、言葉は悪いが「ご都合主義的なルール」があるからではないだろうか。普段「やるな」、と言われていることを、緊急の場合ならば「やれ」、と言うのは、あまりに都合が良過ぎる。むしろ、どんな場合でも介護職は「医療行為」をしてはならないという「都合」が入り込む余地のない厳格なルールならば、少なくとも介護職が利用者の死に対処できなかったことで責められることはなくなるだろう。あるいは逆に、どんな場合でも介護職は「医療行為」に従事してよいというルールならば、普段から「医療行為」を実践していることで、緊急の場合にもうまく対処できるようになるかもしれない。

　だが、介護職は誰かの「都合」に振り回される立場にあるらしい。利用者の「生活の場」である介護老人福祉施設において、普段「医療行為」ができない介護職

〈利用者の死に対処する〉ということ

の現実について、介護職であり、調査時点で施設相談員をやっていたある対象者（40代女性）は次のように語っている。

　看護と比べて、介護福祉士にはやれることに限界があるわけですよ。特養とかが生活施設っていうふうになっているなら、「うちの中」ってことになるわけじゃないですか。うちの中でお母さんが子どもが熱出したら、いろいろ手当てできるじゃないですか。それが、そこは看護婦じゃないとだめなのよって、介護福祉士はやっちゃだめなのよ、っていうのが施設の中にはあるわけですよ。[19]

　ただし、このインタビューは2004年12月に行われたものであり、その後2005年夏に厚生労働省から簡易な傷の手当といった行為を「医療行為」から外すという通達が出されたため、この対象者の語りは今では「古い」のではないかと思われるかもしれない（この点については注4も参照のこと）。確かに、「医療行為」の範囲は変えられ、かつては違法とみなされる可能性も高かった医療的な行為の一部が、今では介護職にも許されてはいる。しかしながら、いまだに「医療行為」の壁は厳然として在り、介護職は法的に「医療行為」とされたものの実践を禁じられ、医療職を待たなければならない原則に変わりはない。しかも、「お上」の「都合」で、「医療行為」の範囲が勝手に変えられ、介護職の責任の範囲が勝手に広げられてしまう状況があることもここに見て取れる。さらに、「緊急ならば…」、と来るわけである。普段、「医療行為」の自由のない介護職がいきなり「医療行為」の「責任者」になる瞬間が、利用者の命にかかわるまさにその瞬間であるというのは、あまりに酷ではないか。

　このように、AさんやBさんの経験に見られる差異からは、「ご都合主義的なルール」という制度的な問題が読み取れた。そして、この「ご都合主義的なルール」は、介護職を極めて矛盾した弱い立場に置くことを助長している可能性も見て取れた。AさんやBさんは、何かをしてもしなくても、いずれにせよ責められてしまう制度的な立場にあったのであり、AさんとBさんが個人として経験した類似した問題的な感情は、（単に偶然似ていた個人的な経験ではなく）制度的な矛盾を反映したものであったと考えられる。[20]

投稿論文

結語にかえて

　本研究が事例データの詳細な検討から明らかにしてきたのは、次の諸点である。介護老人福祉施設は、重度の要介護高齢者の「生活の場」、「終の棲家」ゆえ、ターミナルケアを含む利用者の死の問題を呈している。そこでの中心的な労働者である介護職は、生活支援を専門としており、利用者の死に逝く瞬間に突然直面し、自ら医療的な対処をしなければならないことで、極めて問題的な感情経験を被る危険性をもつことがわかった。ただし、それは単に個人的な問題経験ではなく、さまざまな制度的な問題を反映したものであることが示された。具体的には、施設が「生活の場」とされるがゆえ、十分な医療体制が整っておらず、予兆のない利用者の死は介護職が対処しなければならなくなる組織制度上の問題が見て取れた。また、職業制度上、医療職ではない介護職は中途半端な医療的な知識を教育されており、このことが、緊急時に医療的な対処ができなかったことについて、彼ら／彼女らに激しい後悔や自責の感情をもたらしうることもわかった。さらに、職業制度上、介護職は、医療の専門家である看護職による「医療行為」についての叱責に対して言葉を返す「資格」をもたないため、自分を責めざるをえない状況が在ることもわかった。加えて、普段は「医療行為」が法的に許されていないのに、緊急時だけ許されるという「ご都合主義的なルール」の存在によって、成功しなければ、医療的な対処をしてもしなくても、介護職が責められてしまう問題的な状況が作り出されていることも見て取れた。

　このように、現在の介護職という職業制度ならびに介護老人福祉施設という組織制度のありようは、利用者の死に際して、介護職個々に問題経験をもたらしうる。基礎研究としての本研究の知見は、例えば介護老人福祉施設でのターミナルケアの実施がいっそう推進される政策上の流れの中で、介護職が医療的技術をもっと学ぶべきだといった技術論や、介護職の心構えと情熱が結局は大事だといった精神論など、全てを介護職個々の頑張りに押しつけてしまう議論に反省を促すものである。職業制度の問題、組織制度の問題に目を向けずに、個々人の努力にまかせてしまうだけでは、介護を取り巻く環境は改善されることはないだろう。介護現場における「死」がクローズアップされているまさに今、制度的な問

題を見通す「社会学的想像力」[Mills 1959=1965]によって、介護労働の問題を見通し、より良い政策提言に結びつけていくべきである。例えば、本研究で見通した「ご都合主義的なルール」の問題を踏まえて、政策上の議論が展開されていかなくてはならない。そうした議論は、今後の課題である。

〔注〕
(1) 「重度化対応加算」と「看取り介護加算」のこと。前者は、看護師の配置や利用者に対する24時間連絡・健康管理体制を整え、看取り指針を策定した場合に、後者は実際に看取りを実施した場合に給付される。こうした「看取りの場の脱医療化」の動き（看取りの場が施設や自宅といった病院以外のところへと移される動き）は、現場のニーズを反映したボトムアップの動きというより、今後も増えていくだろうと予想される高齢者の医療費の削減をしたい政府のトップダウンの政策によるところが大きいといわれる[遠藤 2008]。
(2) 厚生労働省の『特別養護老人ホームの設備及び運営に関する基準』によれば、介護老人福祉施設は「明るく家庭的な雰囲気を有し」、「入浴、排せつ、食事等の介護、相談及び援助、社会生活上の便宜の供与その他の日常生活上の世話、機能訓練、健康管理及び療養上の世話を行う」ことを目的とするとされ、医療組織（つまり病院）とは差異化されている。そして、厚生労働省の人口動態調査によれば、死亡場所の8割以上が病院であるのに対し、介護老人福祉施設を含む「老人ホーム」は2％にすぎず、看取りの場がいかに医療化されてきたか（医療組織に属すものであったか）が見て取れる。ただし、この数字の理解の仕方には注意が必要である。すなわち、この数字からは、（症状が自分たちでは対処できなくなると病院に移すという施設方針から）死に逝く過程の最期が病院であっても、その過程の大部分は施設にいたかもしれない利用者の存在を読み取ることができない。一方、これまでとは異なり、「看取り加算」の全額給付には死亡場所が施設である必要があるため、今後、「最期まで施設」というケースが増え、介護職への負担も大きくなることは間違いないだろう。
(3) 本研究では、施設入所者やサービス利用者などとも呼べる、施設を利用している高齢者を「利用者」と統一して呼ぶことにする。
(4) ただし何が「医療行為」なのか、曖昧な部分も多く、その範囲は変化しうる。実際、これまで曖昧だった「医療行為」の範囲が2005年の厚生労働省の通達によって具体的に狭められ、体温測定や血圧測定、軽微な切り傷や擦り傷への処置、医薬品の使用介助などが「医療行為」から外された――つまり介護職にもそれらの実践が公に可能となった。ただし、介護施設の現場では、それ以前から「医療行為」が曖昧にされ、ときに違法と思われるようなことも介護職が行っていたことが報告されている。例えば宮原[2001: 31]によれば、特に医療職がいないことが多い夜間の場合、何を医療にかかわる行為とみなすかは介護職自身の主観的な判断に委ねられていることが多いと

いう。また、特に介護施設では看護職の数が限られているため（利用者数100名に対し看護職は3名いればよい）、一部の「医療行為」が、看護職の指示のもとで、介護職によってなされている実態も報告されている［尾台他 2003；坪井他 2005］。本研究がもとにしている調査の対象者の中でも、看護職の指示のもと、簡単な「医療行為」をさせられていたという介護職は少なからずいた。

(5)　柳原・柄澤［2003: 224、〔　〕内筆者補足］によれば、「社会福祉立法のなかに医療機関を包含するのは好ましくないという考えにより、病弱者を対象としながら〔介護老人福祉施設は〕医療機関でないという形を貫いてきた。（中略）そして〔施設における〕医療の不足は医療の内包ではなく医療との連携をすることにより補う方針がとられている」という。実際、介護職と医療職との連携は謳われているだけでなく、義務づけられている（社会福祉士及び介護福祉士法第47条）。ただし、介護老人福祉施設における看護職の配置義務は介護職の10分の1程度でしかない。

(6)　介護福祉士養成課程において、医学一般の習得には2年間の基本カリキュラム1650時間中90時間（講義）が当てられているにすぎない（2008年6月現在）。また、筆者が行った調査事例で介護福祉士養成校出身者は全員、救命講習を受講し、認定証を取得した経験があった。ただし認定証は1日受講すれば取得できるため、その効果には多くが疑問を投げかけていた。ところで、小櫃［2004］によれば、近年、（「医療行為」に限らず）ターミナルケアを中心に死全般を考えさせる内容が介護概論などで扱われるようになっているという。しかし、これも使用するテキストによって扱われ方や分量に違いがあり、十分ではないという。また、具体的にいくつか介護に関するテキスト［例えば岡本・井上 1999］に目を通してみるとわかることだが、死に関する項目では、あくまでも死にゆく当事者の尊厳が重視される一方、それを看取る介護職の感情管理の困難は軽視されている。

(7)　既述した質問紙を用いた実態調査や意識調査のほかに、介護施設でのターミナルケアの理念的な検討［例えば広井 2005］や、施設で看取られる当事者の尊厳をいかに守るかといった倫理的な議論［例えば柴尾 2005］も多く見られる。しかしながら、相互行為の位相で、介護職が利用者の死に医療的に対処することがいかなる経験なのかを理解しようとした研究はあまり見られない。

(8)　こうした相互行為論的な視点は、N. Denzin [1989=1992] の「解釈的相互行為論」に絶対的に依拠しているわけではないものの、Denzin のそれと同様の方針を呈していると考えている。すなわち Denzin は、問題的相互行為状況に生じ、人生を大きく転換させるような劇的な感情経験を「エピファニー」と呼んだ。エピファニーは単なる個人的な問題経験ではなく、その人の「人生を取り囲む、より大きな歴史的、制度的、文化的舞台内に生ずる」ものだという［Denzin 1989=1992: 14］。換言すれば、社会構造の特性が、個人の問題経験として立ち現れてくる瞬間がエピファニーである。それゆえ、個人誌的な語りの中で発見されるエピファニーに焦点を置いた分析を通して、個人の問題経験と、社会構造的な問題との相互関連性を解き明かすことを、Denzin は主張するのである。筆者も、個人的な経験から制度的な問題を明らかにしようとする

方針について、(その大元はC.W. Mills [1959＝1964] なのだが) Denzinの視座に大いに共鳴する。しかしながら、Denzinが個人誌の「厚い記述」という方法を主張しているのに対して、筆者はもともとそうした方法を用いてデータ収集をしていたわけではない。このため、Denzinと異なり、筆者は介護職に対するインタビューで得た諸データに補足データを合わせて相互比較を行うことで、事例の個別的性格を精査し、何が制度的な問題として読めるのかを検討した。

(9) 死は必ず「ターミナル（終末、死が目前に迫った状態)」だと宣告されてから起こるわけではないし、たとえ「ターミナル」と宣告されたとしても、老衰にイメージされるような「穏やかな死」を迎えるとは限らない。このため、ターミナルケアに下手に焦点を絞らないほうが、より包括的に施設における「死」という問題が理解できると考えられる。この意味でも、本研究の意義が主張できよう。

(10) 対象者に見られた代表的なキャリアパターンは大きく2つ、すなわち「若い世代型」と「主婦型」に分類できた。まず「若い世代型」は、20代前半で介護福祉士養成の専門学校で介護福祉士資格を取得し、卒業後に施設の寮母として就職、数年間の勤務を経て別の施設に移ったり、夜勤のないデイサービスに移ったりし、その後離職するか、あるいは30歳前後で上位資格を取り、夜勤のない相談員やケアマネージャー、さらには介護士養成の講師となっていた。これらは、介護福祉士資格ができて以降の世代、つまり現在30代以下の世代の最も典型的なパターンであった。一方の「主婦型」は、もともと専業主婦で、生活費や子供の学費のためにホームヘルパーの資格を取得したり、あるいは人から誘われて始めは施設やデイサービスなどのボランティアやパートをやったことを契機にホームヘルパー資格の取得したりして、施設パートや登録型のホームヘルパーとなっていたパターンである。このうち、家庭の事情などから施設パートや登録型のホームヘルパーからの「上昇」を望まず、定着している事例が複数あり、これは便宜的に「主婦＝定着型」と呼べる。また、施設パートや登録型ヘルパーにとどまることなく、その後ケアマネージャー資格や介護福祉士資格、社会福祉士資格などを取得して施設相談員やケアマネージャー、さらには介護士養成の講師となった事例も複数あり、これは便宜的に「主婦＝上昇型」と呼べた。なお、このほか例外として、看護職から施設相談員へ転進していた事例が1つあった。このように、介護職という職業集団では明確な分類が可能で、それぞれの職業経験も異なっていた。特に、利用者の死に直接対処することが、問題経験として語られていたのは「若い世代型」であった。この理由として、この型の介護職が施設で看護職がいなくなる夜間帯勤務をこなしがちであること、またこの型の介護職の場合、人生経験の短さから、他者の死に直面した経験が浅いことなどが考えられる。

(11) ただし、あくまでも語りが聞けたのがAさんとBさんだけだったのであって、可能性として、あえて語らなかった対象者がいたことを否定できない点には注意すべきである。

(12) ただし、質問紙を用いた先行研究において、「看取りの経験あり」というものが一体何を意味しているのか、極めて曖昧だという問題を指摘しておく。実際に、息を引

⒀　もちろん、「比較的」なのであって、「絶対的に」簡単なわけではない。ただ、「だんだん慣れちゃうの。だけど『慣れちゃいけないよ』って言うのよね、自分には。最初の1人、2人はすごくそう思うんだけど、日々の業務をしていく中で、察しがついてくると、割とね…」(40代施設相談員)という証言に見られるように、一度利用者の死を何らかの形で経験すると、職務として割り切ることができるようになることも確かなようである。とはいえ、詳細は次節で確かめてほしいが、AさんとBさんの経験からわかるのは、自分が直接医療的な行為(蘇生)を利用者に施さねばならないということは、もはや介護職としての通常職務の範囲を大幅に逸脱する状況であり、職務として割り切って受け流すことが難しく、困難経験となりやすいと考えられる。

⒁　2004年12月14日インタビュー。

⒂　近年、複数の個室が集まって1つのグループ(単位)を構成し、そのグループで利用者が共に暮らす「ユニット型」の介護老人福祉施設が増加傾向にあるものの、それでも全体の14％を占めるにすぎないという報告がある[医療・介護経営研究会 2007]。つまり、複数の複数人部屋が1つのフロアを構成する形の従来型施設での介護労働経験は、依然として多くの介護職に当てはまるものであるといえる。

⒃　能力的にデイぐらいしかできない、という毒のある捨て台詞なのか、あるいは急遽医療行為を要求されることが少ないデイがいいのではないか、という良心的なアドバイスなのか、看護職の真意はわからない。ただ、こうした一言が、言われた側の解釈の仕方次第で、「心無い一言」ともなりうるという点は否定できない事実である。

⒄　2005年2月9日インタビュー。

⒅　Bさんの施設では、夜間帯の看護職常駐はなかったものの、看護職は自宅待機という形で、何かあった場合にすぐに連絡を取れる体制にはなっていたという。

⒆　2004年12月18日インタビュー。

⒇　本研究は、介護職と看護職との職業的専門性の相互作用分析を目的とはしていない。例えば「医療行為」は看護職の「業務独占」となっていて、専門職構造上の問題として介護職が「医療行為」を行えないことを議論することも可能だが、本研究はあくまでも施設介護職の事例、すなわちAさんとBさんの経験から見通せる介護職、ならびに介護職が中心になって働いている介護老人福祉施設の制度的な問題を考察しようとしたのである。介護と看護の職業構造的な連携・協働に関する議論は例えば井上[2006]や林[2002]などが参考になる。

〔引用・参考文献〕

Denzin, Norman K. 1989, *Interpretive Interactionism*, CA: Sage (＝1992、片桐雅隆他訳『エピファニーの社会学―解釈的相互作用論の核心』マグロウヒル出版).

遠藤久夫 2008,「高齢化時代の医療と介護―「脱病院化」政策の死角」『世界の労働』58(1):

8-14。
林千冬 2002、「日本における看護・介護職者の就業構造と労働の変化」『日本労働社会学会年報』13: 59-82。
広井良典 2005、「死と向き合う介護—超高齢化時代の死生観とターミナルケア」『介護福祉』58: 21-34。
井上千津子 2006、「看護と介護の連携」『老年社会科学』28 (1): 29-34。
医療・介護経営研究会 2007、「医療・介護経営の現状と課題 (53) 特養のユニット化は14％—介護サービス施設・事業所調査結果の概況から」『厚生福祉』5454: 2-7。
小櫃芳江 2004、「介護福祉士教育における死の教育に関する一考察—養成課程における死の教育の現状と課題」『聖徳大学研究紀要・短期大学部』37: 9-16。
Mills, Charles Wright 1959, *The Sociological Imagination*, Oxford University Press（＝1965、鈴木広訳『社会学的想像力』紀伊國屋書店）.
宮原伸二 1999、「特別養護老人ホームにおける死についての多角的検討」『プライマリ・ケア』22 (1): 41-48。
宮原伸二 2001、「特別養護老人ホームにおける介護職が行う「医療と介護の接点と思われる行為」の現状と課題」『プライマリ・ケア』24 (1): 26-33。
西川潤子 2002、「介護老人福祉施設に勤務する介護福祉士の実態—『介護福祉士の現状と意識に関する調査』から」『道都大学紀要・社会福祉学部』28: 17-56。
尾台安子・岡村裕・山下恵子 2003、「介護老人福祉施設における介護業務に関する実態調査報告」『松本短期大学研究紀要』12: 17-35。
岡本民夫・井上千津子編 1999、『介護福祉入門』有斐閣アルマ。
柴尾慶次 2005、「尊厳ある施設での看取りとは何か」『月刊総合ケア』15 (10): 12-15。
清水みどり・柳原清子 2007、「特別養護老人ホーム職員の死の看取りに対する意識—介護保険改定直前のN県での調査」『新潟青陵大学紀要』7: 51-62。
立花直樹 2006、「介護老人福祉施設におけるターミナルケア実践の探索的研究—介護職と看護職の援助実態と意識に関する調査より」『大阪薫英女子短期大学研究紀要』41: 25-31。
坪井敬子・面本眞壽惠・森下浩子 2005、「介護職の医療行為に関する実態と課題」『日本看護学会論文集・地域看護』36: 99-101。
塚原貴子・宮原伸二 2001、「特別養護老人ホームにおけるターミナルケアの検討—全国の特別養護老人ホームの調査より」『川崎医療福祉学会誌』11 (1): 17-24。
和田晴美 2007、「介護老人福祉施設で働く介護職員のターミナルケアの不安に関する研究 (1)—個人特性及び施設体制の影響」『佐野短期大学研究紀要』18: 137-151。
渡邉健 2005、「介護保険施設での死」『月刊総合ケア』15 (10): 32-35。
柳原清子・柄澤清美 2003、「介護老人福祉施設職員のターミナルケアに関する意識とそれに関連する要因の分析」『新潟青陵大学紀要』3: 223-232。

投稿論文

⟨Abstract⟩

The Issues of Death at Special Nursing Homes for the Elderly: An Empirical Examination of Care Laborers' Experiencing Unexpected Sudden Death of Elders

Koji MITSUHASHI
(Mejiro University)

The purpose of this paper is to empirically examine issues of death at special nursing homes for the elderly in Japan, specifically the issue of care laborers' experiencing unexpected sudden death of elders in the facilities. N. Denzin (1989) uses the concept of "Epiphany" as one's emotional experience that comes about in his/her personal troubles, and that changes his/her life dramatically. According to Denzin, however, because Epiphany is related not just to personal troubles, but to institional issues, focusing a study on one's emotional experience could reveal underlying institution-related causes of such experience. Influenced by this point of view, this paper focuses on care laborers' emotional experience caused by unexpected sudden death of elders in the facilities in order to bring out possible institutional issues behind such event.

日本労働社会学会会則

(1988年10月10日　制定)
(1989年10月23日　改訂)
(1991年11月 5 日　改正)
(1997年10月26日　改正)
(1998年11月 2 日　改正)

[名　称]

第1条　本会は、日本労働社会学会と称する。

　　2　本会の英語名は、The Japanese Association of Labor Sociology とする。

[目　的]

第2条　本会は、産業・労働問題の社会学的研究を行なうとともに、これらの分野の研究に携わる研究者による研究成果の発表と相互交流を行なうことを通じて、産業・労働問題に関する社会学的研究の発達・普及を図ることを目的とする。

[事　業]

第3条　本会は次の事業を行う。

(1) 毎年1回、大会を開催し、研究の発表および討議を行なう。
(2) 研究会および見学会の開催。
(3) 会員の研究成果の報告および刊行 (年報、その他の刊行物の発行)。
(4) 内外の学会、研究会への参加。
(5) その他、本会の目的を達成するために適当と認められる事業。

[会　員]

第4条　本会は、産業・労働問題の調査・研究を行なう研究者であって、本会の趣旨に賛同するものをもって組織する。

第5条　本会に入会しようとするものは、会員1名の紹介を付して幹事会に申し出て、その承認を受けなければならない。

第6条　会員は毎年 (新入会員は入会の時) 所定の会費を納めなければならない。

　　2　会費の金額は総会に諮り、別途定める。

　　3　継続して3年以上会費を滞納した会員は、原則として会員の資格を失うものとする。

第7条　会員は、本会が実施する事業に参加し、機関誌、その他の刊行物の実費配布を受けることができる。
第8条　本会を退会しようとする会員は書面をもって、その旨を幹事会に申し出なければならない。

　　［役　　員］
第9条　本会に、つぎの役員をおく。
　　(1)　代表幹事　1名
　　(2)　幹　　事　若干名
　　(3)　監　　事　2名
　役員の任期は2年とする。ただし連続して2期4年を超えることはできない。
第10条　代表幹事は、幹事会において幹事の中から選任され、本会を代表し会務を処理する。
第11条　幹事は、会員の中から選任され、幹事会を構成して会務を処理する。
第12条　監事は、会員の中ら選任され、本会の会計を監査し、総会に報告する。
第13条　役員の選任手続きは別に定める。

　　［総　　会］
第14条　本会は、毎年1回、会員総会を開くものとする。
　　2　幹事会が必要と認めるとき、又は会員の3分の1以上の請求があるときは臨時総会を開くことができる。
第15条　総会は本会の最高意思決定機関として、役員の選出、事業および会務についての意見の提出、予算および決算の審議にあたる。
　　2　総会における議長は、その都度、会員の中から選任する。
　　3　総会の議決は、第20条に定める場合を除き、出席会員の過半数による。
第16条　幹事会は、総会の議事、会場および日時を定めて、予めこれを会員に通知する。
　　2　幹事会は、総会において会務について報告する。

　　［会　　計］
第17条　本会の運営費用は、会員からの会費、寄付金およびその他の収入による。
第18条　本会の会計期間は、毎年10月1日より翌年9月30日までとする。

［地方部会ならびに分科会］
第19条　本会の活動の一環として、地方部会ならびに分科会を設けることができる。

［会則の変更］
第20条　この会則の変更には、幹事の2分の1以上、または会員の3分の1以上の提案により、総会の出席会員の3分の2以上の賛成を得なければならない。

［付　　則］
第21条　本会の事務執行に必要な細則は幹事会がこれを定める。
　　2　本会の事務局は、当分の間、代表幹事の所属する機関に置く。
第22条　この会則は1988年10月10日から施行する。

編集委員会規定

(1988年10月10日　制定)
(1992年11月 3 日　改訂)

1. 日本労働社会学会は、機関誌『日本労働社会学会年報』を発行するために、編集委員会を置く。
2. 編集委員会は、編集委員長1名および編集委員若干名で構成する。
3. 編集委員長は、幹事会において互選する。編集委員は、幹事会の推薦にもとづき、代表幹事が委嘱する。
4. 編集委員長および編集委員の任期は、幹事の任期と同じく2年とし、重任を妨げない。
5. 編集委員長は、編集委員会を主宰し、機関誌編集を統括する。編集委員は、機関誌編集を担当する。
6. 編集委員会は、会員の投稿原稿の審査のため、専門委員若干名を置く。
7. 専門委員は、編集委員会の推薦にもとづき、代表幹事が委嘱する。
8. 専門委員の任期は、2年とし、重任を妨げない。なお、代表幹事は、編集委員会の推薦にもとづき、特定の原稿のみを審査する専門委員を臨時に委嘱することができる。
9. 専門委員は、編集委員会の依頼により、投稿原稿を審査し、その結果を編集委員会に文書で報告する。
10. 編集委員会は、専門委員の審査報告にもとづいて、投稿原稿の採否、修正指示等の措置を決定する。

付則1. この規定は、1992年11月3日より施行する。
　　2. この規定の改廃は、編集委員会および幹事会の議を経て、日本労働社会学会総会の承認を得るものとする。
　　3. この規定の施行細則(編集規定)および投稿規定は、編集委員会が別に定め、幹事会の承認を得るものとする。

編集規定

(1988年10月10日　制定)
(1992年10月17日　改訂)
(幹事会承認)

1. 『日本労働社会学会年報』(以下本誌)は、日本労働社会学会の機関誌であって、年1回発行する。
2. 本誌は、原則として、本会会員の労働社会学関係の研究成果の発表に充てる。
3. 本誌は、論文、研究ノート、書評、海外動向等で構成し、会員の文献集録欄を随時設ける。
4. 本誌の掲載原稿は、会員の投稿原稿と編集委員会の依頼原稿とから成る。

年報投稿規定

(1988年10月10日　制定)
(1992年10月17日　改訂)
(2002年9月28日　改訂)
(幹事会承認)

1. 本誌に発表する論文等は、他に未発表のものに限る。他誌への重複投稿は認めない。既発表の有無、重複投稿の判断等は、編集委員会に帰属する。
2. 投稿された論文等の採否は編集委員会で審査の上、決定する。なお、掲載を決定した論文等について、より一層の内容の充実を図るため、補正、修正を求めることがある。
3. 原稿枚数は、原則として400字詰原稿用紙60枚以内とする。
4. 書評、その他の原稿枚数は、原則として400字詰原稿用紙20枚以内とする。
5. 投稿する会員は、編集委員会事務局に、審査用原稿コピーを2部送付する。
6. 原稿は所定の執筆要項に従うこととする。

日本労働社会学会幹事名簿

幹　　事

藤田　栄史	（名古屋市立大学）	代表幹事
赤堀　正成	（労働科学研究所）	
秋元　　樹	（日本女子大学）	
榎本　　環	（駒沢女子大学）	
大重光太郎	（独協大学）	
大野　　威	（岡山大学）	
加藤喜久子	（北海道情報大学）	
神谷　拓平	（茨城大学）	
河西　宏祐	（早稲田大学）	
木下　武男	（昭和女子大学）	
京谷　栄二	（長野大学）	
笹原　　恵	（静岡大学）	
武居　秀樹	（都留文科大学）	
筒井　美紀	（京都女子大学）	
中川　　功	（拓殖大学）	
中囿　桐代	（釧路公立大学）	
古田　睦美	（長野大学）	
吉田　秀和	（龍谷大学）	
吉田　　誠	（香川大学）	

年報編集委員会

赤堀　正成	編集長
木下　武男	編集委員
京谷　栄二	編集委員

ISSN 0919-7990

日本労働社会学会年報 第19号
若年者雇用マッチング・メカニズムの再検討
2009年8月5日　発行
　□編　集　　日本労働社会学会編集委員会
　□発行者　　日本労働社会学会
　□発売元　　株式会社 東信堂

日本労働社会学会　　　　　　　　　株式会社 東信堂
　　　　　　　　　　　　　　　　　〒113-0023　文京区向丘1-20-6
学会HP　http://www.jals.jp　　　　 TEL　03-3818-5521
　　　　　　　　　　　　　　　　　FAX　03-3818-5514
　　　　　　　　　　　　　　　　　E-mail　tk203444@fsinet.or.jp
　　　　　　　　　　　　　　　　　東信堂HP　http://www.toshindo-pub.com

ISBN978-4-88713-930-5　C3036

「日本労働社会学会年報」バックナンバー（12号以降）

ゆらぎのなかの日本型経営・労使関係
―日本労働社会学会年報⓬―
日本労働社会学会編

〔執筆者〕藤田栄史・林大樹・仲野（菊地）組子・木下武男・辻勝次・八木正・嵯峨一郎・木田融男・野原光・中村広伸・小谷幸・筒井美紀・大久保武ほか

Ａ５／276頁／3300円　4-88713-416-9　C3036〔2001〕

新しい階級社会と労働者像
―日本労働社会学会年報⓭―
日本労働社会学会編

〔執筆者〕渡辺雅男・白井邦彦・林千冬・木村保茂・大山信義・藤井史朗・飯田祐史・高木朋代・浅川和幸ほか

Ａ５／220頁／3000円　4-88713-467-3　C3036〔2002〕

階層構造の変動と「周辺労働」の動向
―日本労働社会学会年報⓮―
日本労働社会学会編

〔執筆者〕丹野清人・龍井葉二・久場嬉子・西野史子・伊賀光屋・浅野慎一・今井博・勝俣達也ほか

Ａ５／256頁／2900円　4-88713-524-6　C3036〔2003〕

若年労働者―変貌する雇用と職場
―日本労働社会学会年報⓯―
日本労働社会学会編

〔執筆者〕筒井美紀・林大樹・藤田栄史・山根清宏・小村由香・土井徹平・佟岩・浅野慎一・青木章之助ほか

Ａ５／216頁／2700円　4-88713-524-6　C3036〔2005〕

仕事と生きがい―持続可能な雇用社会に向けて
―日本労働社会学会年報⓰―
日本労働社会学会編

〔執筆者〕藤原眞砂・櫻井純理・高木朋代・渡辺めぐみ・董荘敬

Ａ５／208頁／2500円　4-88713-674-9　C3036〔2006〕

東アジアの労使関係
―日本労働社会学会年報⓱―
日本労働社会学会編

〔執筆者〕徐向東・金鎔基・惠羅さとみ

Ａ５／136頁／1800円　4-88713-786-8　C3036〔2007〕

労働調査を考える―90年代以降を見るアプローチを巡って
―日本労働社会学会年報⓲―
日本労働社会学会編

〔執筆者〕野原光・上原慎一・三上雅子・木本喜美子・今井順・山本潔・杉山直

Ａ５／168頁／2000円　978-4-88713-832-2　C3036〔2008〕

※　ご購入ご希望の方は、学会事務局または発売元・東信堂へご照会下さい。
※　本体（税別）価格にて表示しております。

東信堂

グローバル化と知的様式——社会科学方法論についての七つのエッセー	J・ガルトゥング 大矢・奥澤・芝光修次郎訳	二八〇〇円
社会学の射程——ポストコロニアルな地球市民の社会学へ	庄司興吉	三二〇〇円
地球市民学を創る——変革の社会のなかで	庄司興吉編著	三二〇〇円
社会階層と集団形成の変容——集合行為と「物象化」のメカニズム	丹辺宣彦	六五〇〇円
世界システムの新世紀——グローバル化とマレーシア	山田信行	三六〇〇円
階級・ジェンダー・再生産——現代資本主義社会の存続メカニズム	山田信行	三二〇〇円
現代日本の階級構造——理論・方法・計量分析	橋本健二	四五〇〇円
人間諸科学の形成と制度化——社会諸科学との比較研究	長谷川幸一	三八〇〇円
現代社会と権威主義——フランクフルト学派権威論の再構成	保坂稔	三六〇〇円
現代社会学における歴史と批判(上巻)——グローバル化の社会学	武川正吾編	二八〇〇円
現代社会学における歴史と批判(下巻)——近代資本制と主体性	片桐新自編	二八〇〇円
近代化のフィールドワーク——断片化する世界で等身大に生きる	丹辺宣彦編 作道信介編	二〇〇〇円
自立支援の実践知——阪神・淡路大震災と共同・市民社会	似田貝香門編	三八〇〇円
〔改訂版〕ボランティア活動の論理——ボランタリズムとサブシステンス	西山志保	三六〇〇円
NPO実践マネジメント入門	パブリックリソースセンター編	二三八一円
貨幣の社会学——経済社会学への招待	森元孝	一八〇〇円
市民力による知の創造と発展——身近な環境に関する市民研究の持続的展開	萩原なつ子	三二〇〇円
個人化する社会と行政の変容——情報、コミュニケーションによるガバナンスの展開	藤谷忠昭	三八〇〇円
日常という審級——アルフレッド・シュッツにおける他者・リアリティ・超越	李晟台	三六〇〇円
日本の社会参加仏教——法音寺と立正佼成会の社会活動と社会倫理	ランジャナ・ムコパディヤーヤ	四七六二円
現代タイにおける仏教運動——タンマガーイ式瞑想とタイ社会の変容	矢野秀武	五六〇〇円

〒113-0023　東京都文京区向丘1-20-6
TEL 03-3818-5521　FAX 03-3818-5514　振替 00110-6-37828
Email tk203444@fsinet.or.jp　URL:http://www.toshindo-pub.com/

※定価：表示価格（本体）＋税

東信堂

〈シリーズ 社会学のアクチュアリティ：批判と創造 全12巻+2〉

クリティークとしての社会学——現代を批判的に見る眼	西原和久 宇都宮京子 編	一八〇〇円
都市社会とリスク——豊かな生活をもとめて	武藤正典浦野野正弘 編	二〇〇〇円
言説分析の可能性——社会学的方法の迷宮から	佐藤俊樹 友枝敏雄 編	二三〇〇円
グローバル化とアジア社会——ポストコロニアルの地平	吉原直樹 重野卓 編	二〇〇〇円
公共政策の社会学——社会的現実との格闘	三重野卓 樋口直人 編	二三〇〇円
社会学のアリーナへ——21世紀社会を読み解く	新原道信 友枝敏雄 編	二二〇〇円

〈地域社会学講座 全3巻〉

地域社会学の視座と方法		二八〇〇円
グローバリゼーション／ポスト・モダンと地域社会	似田貝香門 監修	二五〇〇円
地域社会の政策とガバナンス	古城利明 監修 矢澤澄子 監修	二七〇〇円

〈シリーズ世界の社会学・日本の社会学〉

タルコット・パーソンズ——最後の近代主義者	中野秀一郎	一八〇〇円
ゲオルク・ジンメル——現代分化社会における個人と社会	居安 正	一八〇〇円
ジョージ・H・ミード——社会的自我論の展開	船津 衛	一八〇〇円
アラン・トゥレーヌ——現代社会のゆくえと新しい社会運動	杉山光信	一八〇〇円
アルフレッド・シュッツ——主観的時間と空間	森 元孝	一八〇〇円
エミール・デュルケム——社会の道徳的再建の時代と社会学	中島道男	一八〇〇円
レイモン・アロン——透徹した眼差しの二十世紀	岩城 完之	一八〇〇円
フェルディナンド・テンニエス——ゲマインシャフトとゲゼルシャフト	吉田 浩	一八〇〇円
カール・マンハイム——時代を診断する亡命者	園部雅久	一八〇〇円
ロバート・リンド——アメリカ文化の内省的批判者	佐々木交衛	一八〇〇円
費 孝通——民族自省の社会学	藤田弘夫	一八〇〇円
奥井復太郎——都市社会学と生活論の創始者	山本鎮雄	一八〇〇円
新明正道——綜合社会学の探究	中島久滋	一八〇〇円
高田保馬——新総合社会学の先駆者	北合隆男	一八〇〇円
米田庄太郎——理論と政策の無媒介的統一——家族研究.	川合隆男	一八〇〇円
戸田貞三——実証社会学の軌跡	蓮見音彦	一八〇〇円
福武 直——民主化と社会学の現実化を推進		

〒113-0023 東京都文京区向丘1-20-6
TEL 03-3818-5521 FAX 03-3818-5514 振替 00110-6-37828
Email tk203444@fsinet.or.jp URL:http://www.toshindo-pub.com/

※定価：表示価格（本体）＋税

東信堂

グローバルな学びへ——協同と刷新の教育	田中智志編著	二〇〇〇円
教育の共生体へ——ボディエデュケーショナルの思想圏	田中智志編	三五〇〇円
人格形成概念の誕生——近代アメリカの教育概念史	田中智志	三六〇〇円
教育の自治・分権と学校法制	結城 忠	四六〇〇円
ミッション・スクールと戦争——立教学院のディレンマ	老川慶喜編 前田一男編	五八〇〇円
教育の平等と正義	大桃敏行・中村雅子・後藤武俊訳	三二〇〇円
学校改革抗争の100年——20世紀アメリカ教育史	D・ラヴィッチ著 末藤・宮本・佐藤訳	六四〇〇円
大学の責務	立川明・坂本辰朗・井ノ上比呂子訳	三八〇〇円
フェルディナン・ビュイッソンの教育思想——第三共和政初期教育改革史研究の一環として	尾上雅信	三八〇〇円
ヨーロッパ近代教育の葛藤——地球社会の求める教育システムへ	関 啓子・他著	三二〇〇円
多元的宗教教育の成立過程——アメリカ教育と成瀬仁蔵の「帰一」の教育	太田美幸編	三二〇〇円
文化変容のなかの子ども——経験・他者・関係性	大森秀子	三六〇〇円
教育的思考のトレーニング	高橋 勝	二三〇〇円
NPOの公共性と生涯学習のガバナンス	相馬伸一	二六〇〇円
進路形成に対する「在り方生き方指導」の功罪——高校進路指導の社会学	高橋 満	二八〇〇円
「夢追い」型進路形成の功罪——高校改革の社会学	望月由起	三六〇〇円
教育から職業へのトランジション——若者の就労と進路職業選択の教育社会学	荒川葉	二八〇〇円
「学校協議会」の教育効果——「開かれた学校づくり」のエスノグラフィー	山内乾史編著	二六〇〇円
教育と不平等の社会理論——再生産論をこえて	平田 淳	五六〇〇円
オフィシャル・ノレッジ批判	小内 透	三二〇〇円
新版 昭和教育史——天皇制と教育の史的展開——保守復権の時代における民主主義教育	野崎・井口・小暮・池田監訳 M・W・アップル著	三八〇〇円
	久保義三	一八〇〇円
地上の迷宮と心の楽園〔コメニウス セレクション〕	J・コメニウス 藤田輝夫訳	三六〇〇円

〒113-0023　東京都文京区向丘1-20-6
TEL 03-3818-5521　FAX 03-3818-5514　振替 00110-6-37828
Email tk203444@fsinet.or.jp　URL:http://www.toshindo-pub.com/
※定価：表示価格（本体）＋税

東信堂

〈未来を拓く人文・社会科学シリーズ〉〈全17冊・別巻2〉

科学技術ガバナンス	城山英明 編	一八〇〇円
ボトムアップな人間関係——心理・教育・福祉の現場から	サトウタツヤ 編	一六〇〇円
高齢社会を生きる——老いる人／看取るシステム	清水哲郎 編	一八〇〇円
家族のデザイン	小長谷有紀 編	一八〇〇円
水をめぐるガバナンス——日本、アジア、中東、ヨーロッパの現場から	蔵治光一郎 編	一八〇〇円
生活者がつくる市場社会	久米郁夫 編	一八〇〇円
グローバル・ガバナンスの最前線——現在と過去のあいだ	遠藤乾 編	二二〇〇円
資源を見る眼——現場からの分配論	佐藤仁 編	二〇〇〇円
これからの教養教育——「カタ」の効用	葛西康徳・鈴木佳秀 編	二〇〇〇円
「対テロ戦争」の時代の平和構築——過去からの視点、未来への展望	黒木英充 編	一八〇〇円
企業の錯誤／教育の迷走——人材育成の「失われた一〇年」	青島矢一 編	一八〇〇円
日本文化の空間学	桑子敏雄 編	二三〇〇円
千年持続学の構築	木村武史 編	一八〇〇円
多元的共生の求めて〈市民の社会〉をつくる	宇田川妙子 編	一八〇〇円
芸術は何を超えていくのか？	沼野充義 編	一八〇〇円
芸術の生まれる場	木下直之 編	二〇〇〇円
文学・芸術は何のためにあるのか？	岡田暁生 編	二〇〇〇円
紛争現場からの平和構築——国際刑事司法の役割と課題	城山英明・遠藤乾 編	二八〇〇円
〈境界〉の今を生きる	荒川歩・川喜田敦子・谷川竜一・内藤順子・柴田晃芳 編	一八〇〇円

〒113-0023 東京都文京区向丘 1-20-6
TEL 03-3818-5521 FAX 03-3818-5514 振替 00110-6-37828
Email tk203444@fsinet.or.jp URL:http://www.toshindo-pub.com/

※定価：表示価格（本体）＋税